CONVERSION DE MARIE MAGDELEINE,
la pécheresse de Béthanie.

LA SAINTE BAUME

EN PROVENCE

OU

HISTOIRE

DE

SAINTE MARIE MAGDELEINE

SUIVIE

D'UN EXPOSÉ SUR LA SAINTE GROTTE
ET LES DIVERSES PARTICULARITÉS DE CE DÉSERT.

Par l'Abbé MAILLE, Curé de Saint-Zacharie.

Édition ornée de quatre Gravures.

BRIGNOLES,
IMPRIMERIE DE PERREYMOND-DUFORT ET VIAN.

1860.

ÉVÊCHÉ DE FRÉJUS ET TOULON.

Nous, Évêque de Fréjus et Toulon,

Voulant seconder la pieuse intention que nous a manifestée M. **Maille**, curé de Saint-Zacharie, de répandre, parmi les fidèles, la dévotion envers sainte Marie Magdeleine, en publiant sa vie et sa pénitence dans la forêt de la Sainte-Baume ;

Après nous être assuré que ce livre est irréprochable quant à la doctrine et que le ton plein de foi qui y règne est propre à inspirer la dévotion envers l'illustre pénitente qui est la plus antique gloire de notre Église,

Nous en avons autorisé et nous en autorisons l'impression et la propagation dans notre diocèse.

Fréjus, ce 1er Janvier 1860.

✠ **J. H.** Évêque de Fréjus et Toulon.

PRÉFACE.

Dans tous temps, les paroles et les actions des amis de Dieu ont exercé une influence salutaire sur les contemporains, comme aussi sur les générations futures. Des exemples qu'ils ont donnés au monde, ou de l'antre qui leur servait de retraite, s'échappe une vertu secrète qui ranime la foi, réchauffe la piété et dispose aux œuvres de la sanctification. Des lieux, témoins de leur vie pénitente, comme du fond de leur sépulcre, une voix mystérieuse se fait entendre, qui nous reproche nos faiblesses, notre indifférence, ou nous appelle à une perfection plus élevée. Heureuses sont les âmes qui savent écouter cette voix avec attention et suivent avec docilité ses salutaires enseignements!

La grotte où sainte Magdeleine passa trente-trois ans dans la pénitence la plus austère et dans les plus douces communications avec Dieu, et la crypte où reposent à Saint-Maximin ses précieuses reliques, devraient inspirer au visiteur tous les sentiments chrétiens, ainsi que les inspirent tant d'autres mémoires des saints ; cependant, parmi le grand nombre de ceux qui vont à la Sainte-Baume ou à la crypte, il en est beaucoup qui ne rapportent de leur visite au désert ou au tombeau, qu'un souvenir stérile du roc immense qu'ils ont aperçu, de la forêt, de la grotte, du monastère...! Tous ces divers objets, si empreints de magnifiques souvenirs, ne leur procurent souvent aucune émotion, aucune élévation de leur âme vers celui qui a créé toutes ces beautés et les a fait servir au triomphe de la grâce sur l'illustre Pénitente. Dans nos contrées même, si voisines du lieu de la purification et des saints combats de Magdeleine, il en est beaucoup aussi de ces visiteurs, qui se plaisent à connaître toutes les particularités du désert de la Baume, comme monuments ou beautés naturelles, et ne se préoccupent pas des diverses circonstances de la vie de la Sainte, peut-être parce qu'ils ne la connaissent pas assez. Cependant ces lieux si empreints de pieux souvenirs, le roc sur lequel Magdeleine priait et pleurait, cet antre saint, vaste creuset dans lequel l'amour divin retint la Sainte pendant de longues années et la purifia, ce couronnement du rocher où les anges la transportaient si souvent et l'associaient à leurs sublimes concerts, ne laissent bien souvent dans les âmes aucune impression salutaire. Tous ces divers objets qui subsistent encore, ne cessent de réclamer autre chose que la curiosité, l'indifférence, la dissipation et la stérilité des sentiments chrétiens, funestes dispositions malheureusement si fréquentes dans l'accomplissement de ce beau pélerinage.

Si, dans ces lieux saints, des visiteurs ne se montrent pas assez pieux, ou se contentent même d'une admiration stérile; si le respect, la vénération et surtout l'imitation des vertus angéliques de la Bienheureuse, ne sont plus, comme autrefois, l'ornement de la plupart de ceux qui vont au désert, ne serait-ce pas parce que plusieurs oublient les grandes leçons que donnent incessamment l'antre saint et les objets divers qui l'environnent? Peut-être même ne serait-ce pas encore parce qu'ils n'ont jamais connu des documents nécessaires qui puissent éclairer leur esprit et toucher leur cœur? L'homme érudit trouve aisément dans l'immense et savant ouvrage de M. l'abbé Faillon un aliment à la piété, et ce rayon de lumière qui éclaire son incertitude, s'il en avait, sur la vérité de la tradition de Provence, concernant le séjour de sainte Magdeleine à la Baume. Cet auteur, d'une érudition profonde, développe admirablement ses thèses et les corrobore par des preuves solides et démonstratives qui ne laissent aucune place à l'indécision et au doute dans celui qui les lit, les compare et prononce sans préjugé. Mais le simple fidèle, cette portion immense du troupeau du divin Sauveur, qui n'a pas les qualités et les moyens de l'homme instruit, peut-il atteindre à la hauteur de cette œuvre d'érudition et de polémique ? — Inutilement passerait-il de longues heures à parcourir ces pages empreintes d'une science si profonde ? Il lui faut, si je ne me trompe, des pages simples dans le style, pieuses, qui soient à la portée de son esprit, qui aillent droit à son cœur et le disposent à avoir une haute vénération pour l'illustre patronne de la Provence et pour les lieux sanctifiés par les larmes et les soupirs.

Ce sont ces considérations et le désir d'être utile à ces fidèles, en leur procurant les moyens de faire saintement le pélerinage à la Sainte-Baume et à la Crypte, à Saint-Maximin, qui m'ont fait entreprendre cette œuvre de piété seulement. Les ressources de mon intelligence ne me permettant pas de réunir à la fin pieuse que je me propose, la littérature et la polémique, je dois laisser le soin d'une œuvre plus complète à des écrivains d'une science supérieure à la mienne.

Je divise ce travail en trois parties.

La première renferme les diverses circonstances de la vie de sainte Magdeleine jusqu'à sa mort.

La seconde : l'histoire du culte de la Sainte.

La troisième : un exposé historique et descriptif de la sainte grotte, de la forêt, du Saint-Pilon, enfin de toutes les particularités du désert de la Baume.

Dans la première partie, en racontant le transport de la Sainte, d'Aix à la Baume, par le ministère des anges, sa vie admirable au désert, les faveurs qu'elle a reçues, surtout celle de vivre pendant si longtemps sans le secours d'aliments terrestres, je ne me suis pas dissimulé quelle est aujourd'hui la fausse délicatesse du siècle sur les événements qui tiennent du prodige. « On laisse
« au peuple, dit Massillon, la simplicité et la
« candeur. La religion de ceux qui se piquent
« de raison est une religion de raffinements
« et de doutes; et l'on se fait un mérite d'être
« difficile, comme si le royaume de Dieu
« venait avec observation... Je suis touché
« que, sous prétexte de bon goût, l'on tom-
« be dans le libertinage d'esprit, et qu'en
« s'accoutumant à douter des faits indiffé-
« rents, on doute tôt ou tard des nécessaires.

« La simplicité est inséparable de la foi
« chrétienne; il est beau même de se trom-
« per quelquefois pour avoir voulu être plus
« religieux et plus docile ; les plus grands
« hommes de la religion ont été des enfants
« sur les matières du salut..... Vous croyez
« imprudemment que Dieu vous sauvera dans
« une vie molle et mondaine, ce qu'il ne
« saurait faire, et vous refusez votre créan-
« ce à des prodiges qui lui sont très-possi-
« bles. Pourquoi êtes-vous si crédules lors-
« qu'il y a tant à risquer, et pourquoi
« faites-vous gloire de l'être si peu lorsqu'il
« n'y a rien à perdre (1). »

Malgré cette délicatesse du siècle et ses raffinements sur les événements merveilleux, je ne fais aucune difficulté d'exposer aux fidèles les faveurs immenses que le divin Sauveur a daigné accorder à sainte Magdeleine, parce qu'elles peuvent exciter les chrétiens à la piété, élever leur âme à Dieu, les disposer à recourir à la protection de la Sainte, et que de plus, beaucoup aiment encore

(1) Mass. Panég. de saint François-de-Paule.

à dire, d'après saint François-de-Sales, et avec lui : « mon âme ne trouve rien de mal « aisé à croire parmi les effets du divin « amour (1). »

Toutefois, en parlant de ces merveilles de la grâce, j'énumère seulement celles qui sont relatées dans les écrits des saints ou dans ceux des personnes graves par leur science et leur piété. Sur une matière si importante, bien que mon intention ne soit pas de mettre des croyances libres à la place de croyances obligées, les témoignages de la tradition orale, quelque respectables qu'ils soient, n'auraient pu me déterminer à donner aux fidèles l'exposé de ces merveilles.

Je supplie maintenant l'auteur de tous les dons de répandre ses bénédictions abondantes sur cet écrit et sur tous ceux qui le liront, afin que nous célébrions tous, dès à présent, la gloire du divin Sauveur, avec l'espérance de la célébrer éternellement dans les cieux.

(1) Amour de Dieu. — Liv. 7. ch. 12.

LA SAINTE BAUME

EN PROVENCE

OU

HISTOIRE

DE

SAINTE MARIE MAGDELEINE

SUIVIE

D'un exposé sur la Sainte Grotte
et les diverses particularités de ce Désert.

Dieu, toujours admirable dans ses œuvres, mais plus particulièrement dans ses saints, exécute ses volontés sur les hommes par des voies souvent opposées et toujours dignes de sa sagesse infinie. Il use quelquefois des moyens proportionnés à notre raison ; d'autres fois sa volonté sainte, qui ne fait rien en vain, déjoue notre prévoyance, soit qu'il tire la lumière du sein des ténèbres, soit qu'il prenne la vertu en quelque sorte si près du vice, que l'esprit humain se confond dans cette puissance qui rapproche en un instant de si grands intervalles.

La vie de Marie Magdeleine, si féconde en événements divers, nous en présente un exemple remarquable. Nous verrons, en la parcourant, l'œuvre de la grâce qui tire notre Sainte d'un égarement profond, lui communique une grande force de repentir qui durera jusqu'à sa dernière heure, et l'élève à la perfection de la vertu.

Note. On appelle Sainte Baume, la grotte ou caverne dans laquelle sainte Marie Magdeleine fit pénitence pendant trente-trois ans.

PREMIÈRE PARTIE

RENFERMANT LES DIVERSES CIRCONSTANCES DE LA VIE
DE MARIE MAGDELEINE,
DEPUIS SA NAISSANCE JUSQU'A SA MORT.

CHAPITRE PREMIER.

NAISSANCE ET ÉDUCATION DE MARIE MAGDELEINE.

Notre Seigneur Jésus-Christ, croissant en âge et en sagesse, parvenait à sa douzième année, quand Marie, appelée Magdeleine, du nom de sa terre de Magdalon, vint au monde à Béthanie, petite ville près de Jérusalem. A peu de distance du roc sacré qui soutenait la croix sur laquelle expira le divin Rédempteur, quelques ruines antiques, délaissées sur un plateau élevé et à demi recouvertes par le sable du désert, indiquent encore au voyageur la place qu'occupait la maison de notre Sainte.

Des documents de la plus haute antiquité nous ont transmis qu'Eucharie, fille de grande distinction, issue du sang royal d'Israël, épousa d'abord Théophile, syrien de naissance, et eut de cette union une fille nommée Marthe. Devenue veuve, elle contracta un second engagement; mais l'histoire qui nous dit qu'Eucharie eut de ce mariage deux enfants de bénédiction, Lazare et Magdeleine, ne nous a pas conservé le nom du second époux.

La pieuse mère ne négligea rien pour inspirer à ses trois enfants la pratique de la loi sainte et l'amour de la vertu. Elle commença de bonne heure à leur donner une direction persévérante et sage; car elle savait qu'une négligence trop prolongée dans le soin de la jeunesse permet aux inclinations peu réglées de se fortifier et dès-lors il devient difficile de pouvoir les apaiser et les diriger vers le bien.

Ces trois enfants croissaient en âge, et le bon grain déposé avec persévérance et discernement dans leurs cœurs par Eucharie, leur mère, promettait pour l'avenir des fruits toujours plus abondants. La joie sainte qu'inspirent et donnent ordinairement une conscience tranquille, et l'accomplissement des devoirs, régnait dans cette maison de Béthanie. Le Seigneur, en récompense des soins pieux de la mère, avait donné à ces trois enfants un naturel distingué, un cœur généreux, une humeur égale et flexible. Tout plaisait en eux, la conversation, les manières douces et une modestie rare. Toutes ces qualités rehaussées par les grâces extérieures auraient été suffisantes pour attirer à cette famille le respect et la vénération ; mais Dieu voulut encore leur donner les faveurs temporelles, qui seraient dans leurs mains des moyens de salut par le bon usage qu'ils devaient en faire. Saint Jean Chrysostôme assure que cette famille vivait dans une grande abondance, et saint Vincent Ferrier dit qu'elle possédait une partie de la ville de Jérusalem, des terres immenses, trois domaines hors de cette ville, Béthanie dans la Judée, à une demi-lieue de Jérusalem, Magdalon dans la Galilée sur la gauche de la mer de Génézareth, situé dans l'enfoncement d'une montagne, et une autre Béthanie au-delà du Jourdain où saint Jean baptisait.

Les habitants de Jérusalem, de Béthanie et des pays circonvoisins, qui connaissaient le riche patrimoine et les précieuses vertus de ceux qui le possédaient, avaient pour cette famille la plus haute considération. Eucharie cependant, qui se regardait comme étrangère sur la terre et savait qu'il est difficile de ne pas fixer son cœur dans un lieu où tout nous sourit, de regarder comme un exil une terre de délices, et de n'être pas de ce monde lorsque ce monde ne paraît être que pour nous, préféra toujours les biens de l'âme aux biens fragiles d'ici-bas. Les abondantes aumônes qu'elle distribuait habituellement aux pauvres, montrent assez que son cœur voulait être au ciel où était son véritable trésor. Ces vertus et ces beaux exemples de charité produisirent, dans le cœur de ses enfants, des effets salutaires. Lorsque, à la mort d'Eucharie, Marthe, qui était l'aînée de la maison, eut la haute administration de leur domaine, elle montra qu'elle avait puisé dans les exemples et les leçons de sa mère, toutes les qualités nécessaires pour une bonne direction dans les affaires et une sage répartition des dons du Seigneur. Comme c'était la vraie charité qui dirigeait tous les actes de Marthe, elle ne so prévalut jamais des avantages qu'elle avait sur ses frère et sœur. Si parfois elle paraissait les dominer, c'était par une assiduité plus grande à ses occupations et par les soins divers qu'elle devait leur rendre. Toujours vigilante, active et humble, elle ne négligea rien pour entretenir dans la maison l'union la plus intime. Elle vécut dans le célibat, ne cessant jamais de donner l'exemple des plus solides vertus et faisant ses délices des œuvres de charité. Tout son temps étant consacré à Dieu, au soin de ses frères et aux pauvres, elle se prépara, en courant de vertus en vertus, un trésor abondant de mérites ; et lorsqu'elle quittera cette triste vallée de larmes, nous verrons que sa mort fut bien précieuse devant Dieu.

Pendant quelque temps Marthe, Lazare et Marie Magdeleine vécurent à Béthanie comme trois anges ; mais Dieu, dont les desseins adorables sont toujours justes et souvent impénétrables, permit que Marie Magdeleine vint troubler la sainte joie de Béthanie, en s'éloignant de la voie où Marthe, sa sœur, la dirigeait.

CHAPITRE II.

ÉGAREMENTS DE MARIE MAGDELEINE.

Le cœur humain, naturellement porté au mal, sans l'amour de la morale et la vigilance chrétienne qui révèlent tous ses mouvements désordonnés, les répriment dès qu'ils commencent à paraître, perd bientôt, avec les sentiments de sa grandeur, le souvenir de ses éternelles destinées. Séjour de mille passions qui se heurtent et s'entrechoquent, il est lui-même la première victime de leurs conflits.

Magdeleine commença, jeune encore, à suivre cette voie large qui conduit à l'humiliation, et ne tarda pas à connaître jusqu'à quel degré de profondes misères peuvent entraîner les agitations déréglées d'un cœur qui n'est de bonne heure ni surveillé, ni combattu. Quoique les égarements de notre Sainte aient été grands, je ne dois pas craindre d'exposer les taches d'une si belle vie, puisque Dieu les a fait servir à la gloire de son Église et à la perfection des élus. Pourquoi taire en effet des fautes que Magdeleine a si hautement condamnées, des fautes réparées par la grâce, oubliées dans le sein de la miséricorde infinie et qui doivent servir à nous inspirer une juste défiance de nous-mêmes, en nous montrant toute la faiblesse des meilleures qualités du cœur lorsqu'elles ne sont pas appuyées sur la vigilance chrétienne et sur une piété vraie.

Le premier âge de Magdeleine, par un défaut d'expérience, offrit à son imagination, si capable alors de séduction, les délices de la fortune, de la gloire et des jouissances. Elle eut le malheur de méconnaître la voix du ciel qui l'invitait au combat. Les exemples et les leçons de sa sœur Marthe la trouvent insensible aussi. Bientôt le cœur de Magdeleine, qui ne devait être que pour

Dieu, se laisse séduire par les faux charmes du monde, et fait des progrès effrayants dans cette voie d'iniquité que le Seigneur condamne.

Ne semble-t-il pas cependant que Magdeleine, née avec un nom illustre qui lui conciliait le respect et l'admiration de Jérusalem, de Béthanie et de toute la Judée, issue d'une maison qui la distinguait ainsi dans tout son peuple par l'abondance des biens et surtout par les vertus, aurait dû trouver au moins dans ces souvenirs des motifs suffisants pour calmer l'élan de son cœur; mais la passion qui n'est pas combattue dans le principe, ne tarde pas à se fortifier, parce que rarement elle permet de se livrer à ces réflexions pieuses et solides qui seules, aidées de la grâce, pourraient arrêter les progrès du mal et donner du calme à ce cœur agité. Magdeleine oublie que tout est vain et périssable sur la terre; que tout ce qui nous enchante et nous ravit le plus dans ce monde n'est que poussière, et que la créature n'est vraiment grande que par les vertus. Elle met son espérance et sa consolation dans les belles qualités que le Seigneur avait répandues dans elle, et toute cette vaine occupation détourne son cœur des œuvres de piété et le précipite dans des excès qu'elle pleurera jusqu'à son dernier soupir. Si Magdeleine eut été vigilante et active à suivre les bonnes inspirations, si elle eut opposé la barrière de la sainte pudeur aux premiers orages qu'elle sentit s'élever dans son cœur, sa vertu aurait pu subsister intacte, car le Seigneur, toujours bon, toujours miséricordieux, ne délaisse jamais ses enfants au milieu du combat; mais elle laisse pénétrer dans son âme, avec complaisance, les affections déréglées, sans porter ses regards vers la montagne sainte d'où elle pouvait attendre son secours, et dès-lors son cœur fut ouvert à tout ce qui s'offrit pour le captiver (1). Sa gloire et sa raison rougissaient en secret de tant de faiblesses, l'ascendant de son caractère néanmoins avait pris le dessus et Magdeleine ne savait plus vaincre. L'on vit alors s'éclipser de son front, naguères modeste et réfléchi, cette délicatesse que donne la vertu. La sainte pudeur, attachée au sexe, se retire honteuse et cède la place à l'effronterie. Les conseils des gens de bien, de ses proches, de ses amis, pas plus que les larmes et l'affliction de la vertueuse Marthe, sa sœur, ne peuvent l'attendrir ni l'arrêter sur le terrain glissant qui l'entraîne. Les flétrissures que ses égarements allaient imprimer à son sang, la honte qui poursuivrait ses proches parents, les suites honteuses

---

(1) Maria universis vitiis plena erat. (St Grégoire, P.)

Quia turpitudinis suæ maculas aspexit, lavando ad fontem misericordiæ cucurrit. (St Grég. P.)

d'une réputation flétrie, la trouvèrent insensible et ne purent l'empêcher de paraître avec ostentation et sans honte dans les rues d'une ville qui connaissait ses profonds égarements. Magdeleine ne sait plus rougir! Comme c'est avec une volonté entière et sans combat qu'elle poursuit la voie de la honte, les attraits du monde font dans elle des ravages si grands, qu'elle dut être appelée la *Pécheresse* (1)...! Toute plongée dans la vie des sens, elle ne connaît d'autre règle que le déréglement de ses penchants qui néanmoins la tourmentent et la tyrannisent. L'aimable vertu des anges, qui procure toujours une paix si douce au cœur qui a le bonheur de la posséder, disparaît de celui de Magdeleine et cède la place à l'ignominie, triste récompense de ses actes désordonnés. C'est ainsi que la fille de Sion perdit toute sa beauté et que ce bel ouvrage de la munificence de Dieu s'évanouit...! La Palestine qui la regarde comme la honte et le scandale de la contrée, voit avec mépris l'indignité et l'opprobre de sa conduite. Les enfants même de Sion n'osent plus prononcer le nom de la fille de Béthanie.

Voilà donc Magdeleine, l'esclave du démon, le

---

(1) Mulier, quæ erat in civitate Peccatrix. (St Luc, chap. 7, v. 37.)

jouet de ses passions tumultueuses, la victime de remords déchirants, suspendue sur l'abîme par un fil que Dieu peut trancher à chaque instant...!

Mais que les œuvres de la grâce de Dieu sont admirables! Que le cœur le plus dépravé reste peu de temps dans sa honte dès qu'il devient l'objet de ses miséricordes infinies!

Pendant que la sœur de Marthe passe quelques années dans cet état humiliant, Dieu, toujours admirable dans ses saints, prépare le triomphe de sa grâce, et bientôt Magdeleine la Pécheresse, la honte de Béthanie, va devenir la gloire de Jésus-Christ et l'honneur de l'Évangile.

CHAPITRE III.

CONVERSION DE MARIE MAGDELEINE.
ELLE SE PROSTERNE AUX PIEDS DE JÉSUS DANS LA MAISON DE SIMON LE PHARISIEN.

Pendant que Marie Magdeleine, loin de la voie sainte qui fait les heureux, se préoccupait des charmes fugitifs et pernicieux de la terre et ne rougissait pas encore de sa conduite, notre divin Sauveur avait quitté sa retraite de Nazareth. Il annonçait partout, en parcourant la Judée avec ses disciples, la bonne nouvelle du salut. Toute la Syrie, l'une et l'autre Galilée, eurent bientôt connaissance des prodiges que le grand Prophète opérait dans ces contrées. Ce fut dans ces circonstances que Marie Magdeleine, âgée de vingt-deux ans (1), voulut entendre cet homme extraordinaire qui avait les paroles de vie et de salut. Elle voit dans ce nouveau Prophète les traits d'une majesté indicible répandus sur son visage, une douceur inaltérable, un air de bonté et de sainteté qui commande le respect et l'admiration, un zèle ardent et désintéressé qui ne cherche que le salut du pécheur. Elle entendit cette voix douce qui pénétrait dans l'intérieur et y répandait une onction ineffable. Dès-lors, éclairée par un trait de cette lumière qui dissipe les erreurs et fait goûter les vrais charmes de la vertu, touchée de tout ce qu'elle venait de voir et d'entendre, Magdeleine ne résiste pas longtemps. Elle rentre dans son âme, se recueille et voit avec horreur l'abus criminel qu'elle a fait de tous les avantages précieux de la nature et de l'éducation. La vue de la distance immense qui la sépare de son Dieu la trouble, la remplit d'une confusion salutaire et fait couler de ses yeux des larmes abon-

---

(1) In florario sanctorum legitur : item conversio sanctæ Mariæ Magdalenæ, anno salutis XXXII, vitæ suæ XXII. (Bolland.)

dantes. Son cœur blessé ne lui donne plus de repos. Pénétrée de la douleur la plus vive, elle brise les affections qui l'ont tyrannisée si longtemps et soupire après la main charitable qui peut la guérir. Ce cœur abattu, sincèrement repentant, que Dieu ne rejette jamais, eut bientôt ce qu'il désirait. Jésus, qui connaît les dispositions des cœurs à quelque distance qu'ils soient, suivait avec amour les saintes agitations de l'intérieur de Magdeleine, se plaisait à la voir combattre, la soutenait et préparait le triomphe de sa grâce qui la rendit bientôt victorieuse. Satisfait des saints efforts de notre Pécheresse, le divin Sauveur, avec cette puissance à laquelle rien ne saurait résister, délivre Magdeleine des sept démons qui la tourmentaient et la purifie de ses souillures.

Dès ce moment Magdeleine éprouva dans son âme ce calme consolant, gage précieux d'une conscience purifiée. Éclairée d'une lumière divine, elle connut bien que le grand Prophète était l'auteur de cet heureux changement; aussi voulut-elle profiter de la première circonstance pour lui témoigner hautement sa reconnaissance et sa ferme résolution de suivre à l'avenir le sentier de la vertu, qui seul conduit au bonheur. L'occasion qu'elle désirait si ardemment ne tarda pas à arriver.

Dans la petite ville de Magdalon, il y avait un pharisien, nommé Simon, uni à la famille d'Eucharie par les liens du sang et de l'amitié. Notre divin Sauveur fut invité à dîner par ce pharisien. Comme il se rendait à la salle du festin avec beaucoup de personnes, le bruit de son arrivée se répandit aussitôt dans le bourg. A l'instant, Marie Magdeleine, qui eut connaissance de l'arrivée du grand Prophète, docile au mouvement de la grâce et pleine de remords pour sa vie jusque-là si coupable, accomplit une action qui devait avoir un grand retentissement. Oh! que cette démarche solennelle dût être ornée de dispositions intérieures bien pures, bien agréables à Dieu, puisqu'elle mérita d'être publiée, à sa louange, partout dans l'univers où le saint Évangile serait annoncé (1). Elle prend un vase d'albâtre, plein d'une liqueur odoriférante, et sans écouter ni les jugements du monde, ni son approbation, ni sa censure, elle traverse les rues de Béthanie, non plus comme autrefois avec éclat, montrant avec ostentation, la beauté de sa chevelure et l'élégance de ses vêtements, mais dans un extérieur simple, modeste et réfléchi. Elle s'avance triste, fondant en larmes, nullement préoccupée du concours des habitants qu'un changement si extraordinaire avait

(1) Amen dico vobis quod ubicumque prædicatum fuerit evangelium istud et quod fecit hæc narrabitur in memoriam ejus. (St Marc, chap. 14, v. 9.)

attiré autour d'elle. Sa jeunesse, le souvenir de ses égarements, la flétrissure imprimée à son rang ne peuvent arrêter sa résolution ni lui faire différer sa démarche à un autre temps, car elle vient d'apprendre, dans des entretiens intérieurs et célestes, que la grâce a des moments précieux qu'il ne faut pas laisser passer sans y correspondre. Toute occupée de son Dieu, elle ne voit que lui, ne pense qu'à lui, et c'est à ses pieds sacrés qu'elle veut se prosterner et montrer de là les cicatrices de son cœur profondément blessé. Que les pharisiens, assemblés à la salle du festin, étonnés de sa présence en ce lieu, se souviennent de ses excès passés et en murmurent, Magdeleine en accepte volontiers toute la honte et la confusion, écarte ces considérations inutiles et poursuit avec calme la grandeur de son œuvre. Elle trouve dans la douleur de ses fautes et la force de son amour assez de courage pour surmonter les obstacles, et franchit avec convenance et modestie, mais sans crainte, le seuil de la salle de Simon. « Quelle mortification, dit sainte Thérèse, croyez-vous que ce fût à une personne de sa condition d'aller ainsi à travers les rues, peut-être seule, tant la ferveur la transportait, d'entrer dans cette maison, de souffrir le mépris du pharisien et les reproches de sa vie que lui faisaient les méchants à qui il suffisait, pour la haïr, de voir l'affection qu'elle témoignait pour Notre Seigneur Jésus-Christ qu'ils avaient en si grande horreur et qui, pour se moquer de son changement, disaient qu'elle voulait faire la sainte. »

A peine entrée dans la salle, Magdeleine « se « tient derrière Jésus, à ses pieds, elle les ar-« rose de ses larmes, les essuie de sa chevelure, « les baise et les parfume de cette liqueur (1). » Quelle humilité profonde ! quel cœur contrit ! Magdeleine n'ose se présenter devant Jésus, elle s'arrête derrière, à ses pieds qui seront désormais son partage, trop heureuse qu'on veuille l'y laisser ; elle n'ose pas même regarder la sainte face de Jésus, son Sauveur, en qui elle a mis toute son espérance. Sous le poids de l'accablement et de la douleur, elle rougit de ses égarements, sans proférer une parole : ses larmes et sa confusion parlent assez haut pour elle et en disent assez.

Cependant « le pharisien qui avait invité Jésus, « voyant cela, dit en lui-même, si cet homme « était Prophète, il saurait sans doute qui est « celle qui le touche et ce qu'elle est, car c'est « une Pécheresse (2). »

Le pharisien croit que Jésus n'est pas un Pro-

(1) St Luc, ch. 7 - 38.
(2) St Luc, ch. 7 - 39.

phète parce qu'il souffre que Magdeleine s'approche, et c'est pour cela qu'il est Prophète et plus que Prophète, puisqu'il a eu la vertu de l'attirer; car ce don d'attirer les pécheurs et de les sanctifier est la grâce particulière des Prophètes et des hommes de Dieu. Le pharisien tombe donc dans l'erreur deux fois, il ne croit pas Jésus-Christ Prophète et il l'est; il croit Magdeleine pécheresse et elle ne l'est plus (1). Cependant le divin Sauveur, dans son ineffable bonté, veut bien éclairer le pharisien téméraire et lui montrer la fausseté et l'injustice de ses jugements en révélant ses pensées, ce qui n'appartient qu'à un Prophète, et en manifestant la justification de la Pécheresse. Le Sauveur, qui avait paru jusqu'alors n'avoir fait aucune attention à la démarche et à la ferveur de Magdeleine, va prouver que ces larmes, cette douleur, cette persistance à ses pieds, avaient touché son cœur et lui étaient très-agréables. Après avoir proposé au pharisien la parabole d'un créancier qui avait deux débiteurs, dont l'un devait cinq cents deniers et l'autre cinquante, il demanda à Simon son sentiment; le pharisien ne prévit pas que la réponse exacte, qu'il fit à l'interrogation du Sauveur, le condamnerait. C'est alors que Jésus dit à Simon : « voyez-vous cette

(1) Bourdaloue.

« femme ? Je suis entré dans votre maison,
« vous ne m'avez pas donné d'eau pour laver
« mes pieds, et elle, au contraire, les a arrosés
« de ses larmes et les a essuyés avec ses cheveux.
« Vous ne m'avez pas donné de baiser, au lieu
« qu'elle, depuis qu'elle est entrée, n'a pas cessé
« de baiser mes pieds ; vous n'avez pas répandu
« d'huile sur ma tête, elle a répandu des parfums
« sur mes pieds. C'est pourquoi je vous le dis :
« beaucoup de péchés lui seront remis parce
« qu'elle a beaucoup aimé (1). »

Magdeleine, le cœur inondé d'une douceur et d'un calme indicibles, demeurait immobile aux pieds de Jésus, son bon maître et son défenseur. Elle écoutait, silencieuse et préoccupée de son bonheur, la louange donnée par cette bouche divine à sa démarche, à sa componction et à son chaste et sincère amour, quand le tendre Sauveur, touché des larmes qu'elle ne cessait de répandre, lui dit avec bonté : « Marie ! vos péchés vous sont « remis. Votre foi vous a sauvée ; allez en paix. »

Sainte Catherine de Sienne aimait bien à se représenter Marie Magdeleine prosternée aux pieds sacrés de Jésus, s'immolant en sa présence et lui offrant son cœur tout entier. Elle trouvait dans ces considérations un aliment pour sa piété

---

(1) St Luc, 7-40.

et un désir toujours plus ferme de vivre comme une victime immolée au bon plaisir du Sauveur, son maître. Notre Seigneur Jésus-Christ lui apparut un jour avec sa sainte Mère, la reine des anges, et Marie Magdeleine. Il fortifia sainte Catherine de Sienne dans ses saintes résolutions et lui dit : « qui préférez-vous, Catherine, de vous ou de moi ? » La sainte se mit à pleurer et lui dit humblement : Seigneur, vous savez ce que je veux et ce que je préfère ; je n'ai pas d'autre volonté que la vôtre, pas d'autre cœur que le vôtre, et se rappelant aussitôt comment Magdeleine se donna toute entière à Jésus-Christ lorsqu'elle pleurait à ses pieds, elle commença à ressentir la douceur et la suavité dont cette Sainte fut inondée. Elle ne détournait pas l'œil de dessus cette heureuse pénitente. Alors le Seigneur, comme pour satisfaire son désir, lui dit : « ma chère fille, réjouissez-vous, je vous donne Magdeleine pour mère, vous pouvez recourir à elle en toute confiance, je vous mets à ses soins. » Catherine reçut cette faveur avec transport et de ferventes actions de grâces ; elle se recommanda à sainte Magdeleine avec respect et une profonde humilité, et ne cessa jamais de lui recommander son salut, l'appelant constamment sa mère [1].

[1] Vie de sainte Catherine de Sienne. Liv. 3, ch. 8.

CHAPITRE IV.

CONDUITE DE MARIE MAGDELEINE APRÈS SA CONVERSION.

Si le bon Pasteur qui poursuit avec tant de charité la brebis égarée, l'accueille, lui accorde un généreux pardon et la renvoie en paix, c'est parce qu'il a trouvé dans elle des intentions pures et des dispositions dignes de son amour. Souvent, dans la Judée, l'on avait vu des personnes recourir à Jésus pour obtenir des faveurs temporelles; le lépreux sollicitait sa présence pour être délivré de la lèpre; le démoniaque réclamait sa puissance pour ne plus être tourmenté; mais Magdeleine ne se propose rien de terrestre dans sa démarche, elle ne considère ni la guérison de son corps, ni sa santé, ni les biens périssables; elle ne sollicite que la résurrection de son pauvre cœur et le règne de Dieu dans elle, holocauste sublime qui ne saurait être rejeté.

Les cœurs blessés qui se presseront auprès du bon Pasteur et lui offriront des dispositions comme celles de l'illustre Pénitente seront assurés de trouver, comme elle, auprès de lui le calme de l'âme et un généreux pardon.

Cependant il arrive souvent que les premières émotions excitées dans nous par une conversion même sincère, s'évanouissent bientôt et cèdent la place à la tiédeur et au relâchement. Nous croyons avoir assez fait en offrant à Dieu ces premiers témoignages de notre repentir, comme si nos prévarications, une fois pleurées, n'étaient plus dignes de nos larmes. Magdeleine n'est pas satisfaite de sa première douleur ; elle répare ses égarements par une conversion sincère et permanente. Les larmes que sa componction et son amour lui font répandre en abondance, cesseront de couler seulement quand elle aura cessé de vivre.

Tantôt idole du monde, elle vient d'être changée en victime et consacrée à son Dieu, dans la maison du pharisien. Persuadée dès-lors que tout son bonheur est en ce bon Maître à qui elle appartient maintenant, elle renonce à toutes les créatures et à elle-même, et se transforme en son Créateur en lui rapportant toutes ses actions. Elle ne voit, ni n'aime rien sinon en Dieu son principe dans lequel elle va se plonger et établir sa demeure.

Magdeleine, rentrée en grâce avec son Dieu, inondée d'une joie ineffable, quitte enfin la salle de Simon. Si elle continue à pleurer, à travers les rues de Béthanie, ce n'est pas la douleur seule sur ses prévarications passées qui fait couler ses larmes ; c'est la joie aussi, c'est le bonheur.

Pour établir solidement le règne de Dieu dans son cœur, elle commence à considérer comme un néant tout ce qui doit retourner dans le néant, le monde, l'estime, les biens périssables et la vie même. Désormais la terre entière ne saurait attirer un instant son attention, car elle veut une félicité aussi durable qu'elle-même, et tout ce qui doit durer moins que son âme est incapable de satisfaire son désir. Par suite de ces principes, les sacrifices les plus pénibles lui sont agréables, parce que c'est celui qui est sa félicité qui les lui demande. Avec quelle ardeur cherche-t-elle à réparer dans les lieux même de sa confusion les ravages opérés par sa conduite coupable ? Un cœur moins aimant et moins sincère dans sa conversion, aurait choisi les profondeurs d'une solitude pour cacher au monde sa honte passée, évitant par cette retraite les divers assauts qui auraient pu l'intimider ou ébranler ses résolutions. Ainsi les contrées qui auraient été les témoins de ses actes désordonnés, ne l'auraient pas été de sa douleur et de ses larmes. Mais Magdeleine, qui sait qu'une conversion vraie et sincère ne doit rien excepter et que la compensation doit être universelle et entière, ne rougit pas de paraître, modeste et réfléchie, dans Béthanie, Jérusalem et la Palestine, premiers témoins de ses désordres, et de leur montrer, avec une humilité profonde, le triomphe des miséricordes infinies du Seigneur. Elle accepte en silence et même avec joie les murmures et les affronts les plus sensibles, parce qu'elle veut réparer, par amour pour son Dieu, les tristes impressions produites par ses égarements passés. Plus ces croix, qui doivent épurer son cœur, le soustraire à la séduction des objets périssables et le rendre semblable à celui de Jésus, seront fréquentes et douloureuses, plus elles feront ses délices et sa joie. Cependant, quelque pénible que soit ce sacrifice intérieur qui doit se renouveler bien souvent, il n'est pas le seul que la justice divine demande à Magdeleine. La grâce qui vient de la ramener aux pieds de Jésus-Christ réclame sa docilité, et veut encore qu'elle fasse servir à la justice tout ce qui naguères avait servi à l'iniquité. Ses yeux, premiers organes de ses tristes égarements, avaient allumé dans son cœur l'amour du monde, Magdeleine ne permettra plus qu'ils se reposent avec quelque complaisance sur des objets même indifférents; ils devront, par une profusion de larmes longues et amères, éteindre l'incendie produit par leur curiosité de voir et le désir d'être vus. Les richesses, dont elle s'était servie pour satisfaire sa vanité, son amour de la parure et des ornements, avaient été pour elle un écueil, elle les emploie maintenant au soulagement des pauvres et à des œuvres de charité. Réunie à Johanna, Susanne, les Maries, et plusieurs autres saintes femmes, elle se met avec zèle et dévouement à la suite de notre divin Sauveur, qui parcourait la Judée avec ses apôtres, annonçant partout le royaume des cieux, et pourvoie à tous leurs besoins avec une sainte affection et une pieuse sollicitude. Les apôtres, fatigués dans leurs courses fréquentes et difficiles, viennent-ils à Magdalon ou à Béthanie prendre le repos nécessaire, Magdeleine fournit de ses biens tout ce qu'il faut pour réparer leurs forces. Faut-il faire les préparatifs pour célébrer la Pâque, Magdeleine dispose tout et s'estime heureuse de faire servir les dons du Seigneur aux œuvres du Seigneur. Elle ne veut rien conserver du débris de ses passions; elle n'a plus pour cette beauté périssable, trop longtemps exposée à la vanité et à l'illusion, la plus légère attention. Elle laisse sa chevelure tomber négligemment sur ses vêtements simples et grossiers, et si plus tard nous la voyons porter encore dans ses mains un parfum exquis, ce ne sera pas pour en rehausser l'éclat, ni satisfaire ses sens, mais elle s'en servira pour le répandre sur les pieds de l'adorable Sauveur. Magdeleine désormais sera vigilante pour manifester au monde son repentir et toute la vivacité de son amour envers celui qui vient de lui accorder tant de faveurs. L'holocauste qu'elle immole à l'instant de sa justification, elle l'immolera tous les jours jusqu'à sa dernière heure, et cette vie de sacrifice, quoique pénible à la nature, sera pour elle une vie de délices, pourvu que son Dieu daigne accepter une hostie tant de fois profanée, mais enfin sanctifiée par le feu tout céleste et tout sacré qui la consume.

CHAPITRE V.

MARIE EN CONTEMPLATION AUX PIEDS DE JÉSUS. OCCUPATION DE MARTHE.

Beaucoup de péchés ont été remis à Magdeleine, parce qu'elle a beaucoup aimé ! Les brebis égarées loin du bercail, souvent infidèles à la voix du pasteur, peuvent donc ranimer leur confiance, puisque la multitude des offenses n'est pas un obstacle au pardon, si, comme notre bienheureuse Pécheresse, elles remplacent une longue infidélité par un grand amour. Dieu, dont les attributs les plus chers sont la bonté et la miséricorde, sait bien trouver sa gloire à faire abonder la grâce où le péché avait abondé, montrant, par cette divine profusion, et sa puissance et son amour. Le généreux pardon que notre Sauveur vient d'accorder à Magdeleine est la confirmation de cette doctrine, et l'événement qui va se passer à Magdalon va nous apprendre que notre Sainte, toujours fidèle à ses grandes résolutions de douleur et d'amour, peut encore choisir la meilleure part.

Jérusalem, que David appelle la cité sainte et qui devait être l'opprobre des nations, était toujours l'objet de la prédilection de l'homme de douleurs, quoiqu'il sut que c'était dans ce lieu qu'il avait résolu de souffrir et qu'il devait y répandre son sang pour la rédemption des hommes. Après ses courses évangéliques, il y revenait souvent pour ramener à la vertu ses ingrats habitants par ses instructions et même par ses larmes.

Ce fut pendant ces courses évangéliques qu'une femme de la foule éleva la voix au milieu des murmures des pharisiens et dit à Jésus : « bien-« heureux le sein qui vous a porté et les mamel-« les qui vous ont nourri (1). » C'était une per-

---

(1) L'opinion commune attribue ces paroles à sainte Marcelle, intendante et économe de la maison de sainte Marthe. On croit que sainte Marcelle a fini ses jours à Saint-Maximin, ou du moins que son corps y a été transporté, car on l'a trouvé dans la crypte de sainte Magdeleine en 1279, et l'on honore à Saint-Maximin encore aujourd'hui ses précieuses reliques. *(Mon. inéd.)*

sonne amie de la famille de Béthanie qui eut assez de courage pour prononcer, en présence d'un peuple perfide, ces paroles de foi et de satisfaction. Cependant Jésus, se rendant à Jérusalem, voulut s'arrêter à Béthanie avec ses apôtres, ses disciples et plusieurs saintes femmes illustres (1). Dès que Marthe eut appris l'arrivée de Jésus, toujours vigilante et active, elle dispose tout avec convenance et dignité pour le recevoir. En attendant que tout fut préparé, Notre Seigneur instruisait ses apôtres, les nourrissait spirituellement de la parole de vie, et Marie Magdeleine, assise à ses pieds, donnant l'exemple de l'humilité et du respect, écoutait avec une sainte avidité la sagesse de ses préceptes, la sainteté de ses conseils, le sens sublime et l'élévation de ses divines leçons. La beauté et la justice de la sainte loi du Sauveur captivaient son âme et l'inondaient d'une suavité si grande, qu'elle n'osait prononcer une parole ni se permettre le moindre mouvement. Son recueillement était si profond, qu'on aurait cru volontiers voir un ange sous la figure humaine, prosterné devant la sainte face du Sauveur. Heureuses les âmes qui, comme Magdeleine, écoutent les vraies paroles de la vie

(1) C'était l'usage en Judée que les docteurs juifs permettaient à des femmes illustres de les suivre dans les pays où ils allaient donner leurs leçons.

éternelle et les conservent précieusement pour en faire la règle de leur conduite. Avec cet aliment divin, elles se préparent, sur cette terre d'exil, des jours heureux, malgré les croix et les humiliations, et au-delà du tombeau, une gloire qui ne passera jamais. Marthe, qui voyait sa sœur toujours attentive et immobile, désirait bien avoir du secours de sa part, mais elle n'osait s'adresser directement à Marie, parce que la voyant si avide de la doctrine sainte, elle était convaincue que rien ne pouvait la distraire et l'éloigner seulement un peu du Sauveur, à moins qu'il daignât lui-même le lui ordonner. Elle se dispense d'adresser la parole à sa sœur, mais elle s'approche doucement de Jésus et lui dit : « Seigneur, ne « considérez-vous point que ma sœur me laisse « travailler toute seule ? dites-lui donc qu'elle « m'aide. »

Marie écoute les plaintes de sa sœur, ne répond rien, demeure absorbée dans sa profonde contemplation, et laisse sa défense au Sauveur, qui dit avec amour : « Marthe, Marthe, vous « vous inquiétez et vous vous embarrassez de « bien de choses ; après tout, une seule est né- « cessaire. Marie, votre sœur, a choisi la meil- « leure part qui ne lui sera point ôtée. »

En effet, la contemplation de Marie, son amour, les saints désirs dont son cœur est embrasé sont nécessaires ici-bas et trouveront dans le ciel une récompense permanente ; tandis que l'occupation de Marthe, quoique bonne, car si elle ne l'avait pas été Notre Seigneur lui aurait ordonné de la quitter et de se joindre à sa sœur, n'aura qu'un temps bien court dans ce lieu d'exil, où il faudra cesser enfin de s'occuper des œuvres terrestres et matérielles et nous réunir à cette meilleure part de Marie qui ne lui sera point ôtée.

CHAPITRE VI.

MALADIE DE LAZARE, SA MORT ET SA RÉSURRECTION. FOI ADMIRABLE DE MARIE MAGDELEINE.

Le feu sacré de la charité qui enflammait les cœurs de Magdeleine et de sa sœur ne se ralentit plus. Toujours à la suite de notre Sauveur, dans ses courses apostoliques, leur occupation était de tout prévoir et de tout disposer pour que rien ne manquât. Si des événements inattendus ou la maladie ne leur permettaient pas de participer à ces courses pieuses, elles avaient soin de remettre leurs offrandes à Iscariote et de désigner d'autres saintes femmes qui devaient s'occuper alors de ces belles fonctions. Notre Sauveur, qui aime tant à récompenser un verre d'eau froide donné en son nom, agréait avec amour une sollicitude si tendre, si affectueuse et si persévérante. Aussi voulut-il récompenser la charité ardente des deux sœurs par un miracle en faveur de Lazare, leur frère.

Dieu, dont les œuvres sont toujours justes et adorables, permit que Lazare, l'ami de Jésus et frère de Marie Magdeleine et de Marthe, devint gravement malade à Béthanie de Judée. Les deux sœurs apprirent aussitôt que Jésus, ayant passé le Jourdain, se rendait à Béthanie de Galilée, où Jean-Baptiste avait baptisé d'abord, et se disposait à demeurer en ce lieu. Comme la maladie de Lazare était violente, Marie et Marthe, obligées de donner assistance à leur frère, et ne pouvant pour cette raison quitter la maison et aller elles-mêmes trouver Jésus, lui envoyèrent dire : « Seigneur, celui que vous aimez est malade. » Elles crurent que ces courtes paroles suffiraient pour obtenir du Sauveur l'œuvre qu'elles sollicitaient. Elles savaient que si Jésus n'aime dans ses créatures que ce qui est digne d'être aimé, elles savaient aussi qu'il avait rendu cette famille digne d'être aimée de lui en la comblant souvent de ses grâces. Cependant le Sauveur, par une disposition de sa providence que nous devons toujours adorer, différa de condescendre à la sollicitude des deux sœurs et permit que Lazare mourût avant son arrivée, parce qu'il voulait donner aux juifs une preuve éclatante de sa puissance et aux deux sœurs une marque particulière de sa tendresse pour leur frère. Il resta deux jours encore à Béthanie de Galilée et n'arriva à l'autre Béthanie, que quatre jours après la mort de son ami. Dès que Marthe apprend son arrivée, elle va au-devant de lui et dit : « Seigneur, si vous aviez « été ici, mon frère ne serait pas mort; mais « je sais que même à présent ce que vous de-« manderez à Dieu, il vous l'accordera. » « Votre « frère ressuscitera, » lui dit Jésus. « Je sais, « répondit Marthe, qu'il ressuscitera au dernier « jour. » Jésus lui dit : « je suis la résurrec-« tion et la vie ; celui qui croit en moi, vivra « quand même il serait mort ; et quiconque vit « et croit en moi ne mourra point pour toujours. « Croyez-vous cela ? » « Oui, Seigneur, lui dit-elle, « j'ai cru que vous êtes le Christ, fils de Dieu « vivant, qui êtes venu en ce monde. » Après ces paroles, Marthe s'en va et appelle tout bas sa sœur Marie et lui dit : « voilà le Maître, et il « vous demande. » A cette parole, Marie se lève aussitôt et va le trouver, car Jésus n'était pas encore arrivé au bourg; il était à l'endroit où Marthe était venu le trouver. Par la conversation de Marthe, on comprend, dit saint Cyrille, qu'elle regardait Jésus comme un grand prophète et comme un saint très-puissant auprès de Dieu. Il n'en est pas ainsi de Magdeleine ; ses pensées sur Jésus sont plus élevées que celles de sa sœur ; elle le regarde véritablement comme Dieu, car, persuadée que sa puissance est souveraine et qu'il entend parfaitement le langage d'un cœur abattu et affligé, dès qu'elle aperçut Jésus, assis sur la pierre près de la citerne (1) à l'entrée du bourg, elle se prosterne à ses pieds, et le cœur plein de douleur, elle profère à peine ces paroles entre-coupées de sanglots : « Seigneur, si vous aviez « été ici, mon frère ne serait pas mort. » Jésus, touché de tant de larmes, veut montrer sa puissance, se dirige vers la tombe qui récèle le corps de Lazare et ordonne d'ôter la pierre qui le recouvre. « Seigneur, lui dit Marthe, il sent déjà « mauvais, car il y a quatre jours qu'il est mort. » Elle montre par ces paroles qu'elle n'a pas compris celles du Sauveur « quand même il serait mort, il vivra ; » mais Magdeleine connut mieux que sa sœur les œuvres de Dieu et les trésors de

(1) On montre encore à Béthanie cette citerne taillée dans le roc, appelée citerne de Marthe. C'est là, d'après la tradition, que celle-ci rencontra Jésus la première fois. Auprès de cette citerne on voit une pierre oblongue, appelée la pierre de Béthanie. Elle est en grande vénération dans ces contrées, parce que Notre Seigneur Jésus-Christ s'y était assis en attendant l'arrivée de Marie Magdeleine. (Faillon, *mon. inéd.*)

toute puissance cachés dans ce cœur divin : elle attend silencieuse, mais pleine d'espérance, l'effet de la tendresse du Sauveur. Sa foi admirable fut bien récompensée, car Jésus, levant les yeux au ciel, remercie son Père de l'avoir exaucé et dit à haute voix : « Lazare, venez dehors ; » et à l'instant celui qui était mort, se lève du tombeau, plein de vie, se prosterne aux pieds de Jésus, l'adore et se réunit à ses sœurs et à ses amis comblés de bonheur et de joie, pour célébrer avec eux les bontés ineffables du Seigneur.

CHAPITRE VII.

MAGDELEINE RÉPAND UN PARFUM EXQUIS SUR LA TÊTE SACRÉE DU SAUVEUR.

Après ce miracle, le divin Sauveur laissa les princes des prêtres et les pharisiens, qui en avaient été les témoins, tout étonnés, fomenter contre lui une haine indicible, et se retira avec ses disciples près du désert, en une ville appelée Ephrem, près de Béthel, dans la tribu d'Ephraïm. Quand l'heure de se manifester, fixée par son Père, fut arrivée, il retourna, malgré les conspirations des juifs qui avaient résolu sa mort, à

Béthanie, près de Jérusalem, six jours avant la fête de Pâques. Il voulut bien recevoir l'hospitalité dans la maison de Simon qui avait été lépreux, et avoir pour convive son ami Lazare qu'il avait ressuscité. Marthe, selon sa coutume, servait à table et pourvoyait à tout ; mais le saint amour et le zèle que Marie Magdeleine avait pour Jésus-Christ lui firent choisir encore la meilleure part. Le pardon que le Sauveur lui avait accordé avec tant de miséricorde, les marques de bonté qu'elle en avait reçues en tant de circonstances, le bienfait encore récent de la résurrection de son frère, étaient sans cesse présents à son cœur, qui fut pénétré de la plus vive et de la plus profonde reconnaissance. Quelle joie pour elle quand elle vit que le Sauveur daignait encore une fois se rendre à l'invitation de ses amis de Béthanie ! Quel empressement à l'honorer, à procurer tous les soins dus à un tel Maître si magnifique dans ses bienfaits ! Peu attentive à l'intérieur de la salle et au nombre des convives, elle ne voit, elle ne connaît que le grand Prophète, son Dieu ; et aussitôt, ne consultant que les devoirs de la reconnaissance et surtout la vivacité de son amour et la noble inspiration de son cœur, elle prend un vase d'albâtre, plein d'un parfum précieux, composé de racines, d'épis et de feuilles de nard, le répand sur les pieds de Jésus et les essuye avec sa chevelure. Son cœur, inondé du chaste amour qu'embrasait en elle celui dont elle était l'humble servante, accomplit encore une œuvre admirable, que les saints anges du ciel seraient à peine dignes de contempler ; elle s'approche avec un respect très-profond du divin Sauveur, adore sa tête sacrée, brise le vase d'albâtre et répand ce qui restait du parfum précieux sur la tête adorable de Jésus pendant qu'il était à table.

Joseph d'Arimathie et Nicodème se contenteront tout à l'heure d'employer pour la sépulture du Sauveur, un mélange de myrrhe et d'aloès, ainsi que cela se pratiquait dans les embaumements ordinaires ; mais Magdeleine, dont la foi était plus vive et plus ardente que celle de ces saints personnages, met Jésus au-dessus de tous les grands de la terre, et ne croit pas avoir trop fait pour celui qui est le vrai roi de gloire et la splendeur des saints, en choisissant le nard qui est le parfum le plus exquis et d'un très-grand prix, pour s'en servir dans cette circonstance. Le calme profond et la céleste consolation que ressentit Magdeleine à la suite de son œuvre si admirable, ne furent pas troublés par l'indignation injuste que manifesta Iscariote à la vue d'une pareille profusion. Que cet apôtre indigne ose la blâmer et dire : « que n'a-t-on vendu cette liqueur trois « cents deniers, et que ne les a-t-on donnés aux

« pauvres? » Toujours occupée de son tendre Sauveur, elle garde le silence, et la paix de son cœur lui dit assez qu'elle a fait une bonne action. Mais si Magdeleine n'ose révéler les intentions pures qui ont été le mobile de son œuvre digne d'attirer l'attention même des anges, celui qui juge les justices et dont le regard discerne sûrement les mouvements des cœurs et l'esprit qui les fait agir, prend hautement sa défense et répond à Iscariote et aux juifs qui étaient présents :
« laissez-la faire? Pourquoi faites-vous de la peine
« à cette femme? C'est une bonne action qu'elle
« vient de faire envers moi ; car vous avez tou-
« jours des pauvres avec vous et vous pouvez
« leur faire du bien quand vous voudrez ; mais
« pour moi, vous ne m'avez pas toujours. Elle
« a fait ce qu'elle pouvait ; car en répandant ce
« parfum sur mon corps, elle l'a fait pour m'en-
« sevelir : elle a embaumé mon corps par avance.
« Je vous dis en vérité, dans tout l'univers, en
« quelque lieu que cet évangile soit prêché, ce
« qu'elle a fait se racontera aussi en mémoire
« d'elle (1). »

(1) Note. Le père Priérat rapporte dans sa *Rose d'Or*, que l'on montrait à Marseille, dans l'église de Saint-Victor, un vase d'albâtre à demi brisé, que l'on dit être celui dont la Magdeleine s'était servie pour oindre le Sauveur. *(Mon. inéd.)*

CHAPITRE VIII.

MAGDELEINE A LA SUITE DE JÉSUS DANS SA PASSION. SA CONSTANCE, SA FOI ET SON AMOUR.

Tout ceci se passait à Béthanie, le samedi, veille de notre dimanche des Rameaux. Le lendemain, Notre Seigneur Jésus-Christ descend la montagne des Oliviers, et pendant qu'une foule immense accourt à sa rencontre et lui offre des palmes et des branches d'oliviers, il regarde Jérusalem et laisse couler des larmes. La malheureuse cité méconnaissait encore le temps de la visite du Seigneur, et ses ingrats habitants résistaient toujours à l'évidence de la vérité et à la majesté de ses miracles. Il entre néanmoins dans la ville, monte au temple, en chasse tous les vendeurs, ne voulant pas que la maison de prière serve à un autre usage. Quand le soir fut venu, il ne put trouver dans cette grande ville une seule maison qui lui offrit l'hospitalité pour y passer la nuit et prendre son repas. Il regagne donc le mont des Oliviers et vient chercher à Béthanie, auprès de Lazare et de ses sœurs, l'hospitalité qu'il n'avait pas trouvée à Jérusalem. Tous les ours de la semaine jusqu'au jeudi, le divin Agneau venait tous les matins de Béthanie à Jérusalem et le soir il retournait à Béthanie. Enfin, le cinquième jour de la semaine, le jeudi, qui était le premier des azymes, il quitte la maison de Lazare et de ses sœurs, leur témoigne qu'il ne retournera plus, et le soir même il fait la cène avec ses disciples à Jérusalem. Après avoir institué le sacrement de la divine Eucharistie, il passe le torrent de Cédron, se rend au jardin des Oliviers et accepte le calice d'amertume que lui présente son Père. Bientôt il est trahi, chargé de liens, conduit à ses ennemis, délaissé par ses apôtres, flagellé, couronné d'épines, et après avoir laissé, chargé de sa croix, une longue trace de sang dans les rues de la malheureuse Jérusalem, il parvient au Calvaire et rend le dernier soupir pour la rédemption des hommes.

Magdeleine, qui connaît la trahison de Judas, la fuite des apôtres, le reniement de Pierre, n'éprouve pas un seul instant d'hésitation, de crainte ou d'abattement. Elle peut bien être triste à la vue des faiblesses des amis de Jésus, mais elle n'est pas découragée; son cœur, qui possède le véritable amour, consolera Jésus délaissé et ne souffrira pas qu'un autre objet que lui en possède la moindre partie. Pleine de foi et de dévouement, elle ose se mêler avec la foule en fureur et suivre partout l'homme de douleurs avec cette sainte fermeté que donne la vertu. Les cris inspirés par la haine et la vengeance ne peuvent l'empêcher d'écouter de près et de conserver les rares paroles que profère la bouche sacrée du Sauveur, de s'incliner avec foi, en présence même des bourreaux et des déicides, pour baiser la pierre teinte du sang de l'innocente victime, de l'essuyer avec respect et d'en conserver l'empreinte précieuse. Pendant les heures de la voie douloureuse, elle ne cessait de pleurer avec les saintes femmes qui voulurent accompagner aussi, jusqu'au Calvaire, le Juste chargé de l'instrument de notre rédemption. Le divin Sauveur, qui les aperçut, leur dit avec bonté : « filles de Jérusalem, cessez « de pleurer sur moi ; pleurez plutôt sur vous-« mêmes et sur vos enfants, car si on traite « ainsi le bois vert, que fera-t-on du bois sec ? » Oh ! que ces paroles pénétrèrent profondément dans le cœur de Magdeleine et produisirent de salutaires effets !

Sur le Calvaire, malgré les paroles pleines de mépris de cette tourbe insensée et malheureuse, le courage de Magdeleine ne sera pas moindre ; son amour qui est fort comme la mort, parce que le véritable amour compte pour rien tout ce qu'il y a de dur, d'amer, d'accablant, la soutient partout ; elle trouve dans son cœur assez de fermeté pour qu'elle ose se fixer, inébranlable, au pied du bois sacré et compter avec larmes, il est vrai, mais sans faiblesse et sans crainte, tous les soupirs du divin Rédempteur.

Le courage néanmoins que Magdeleine puisait au pied de la croix ne la rendait pas insensible. Son amour, qui se fortifiait à la vue des grandes souffrances qu'endurait le Sauveur, sépara pour ainsi dire son cœur d'elle-même pour le donner à l'objet aimé qui répandait tout son sang pour sa rédemption. Cette attraction violente du cœur vers la croix lui fit éprouver des souffrances inouïes, car le brisement intérieur ne peut se faire sans douleur, puisque la douleur, dit saint François de Sales, n'est autre chose que la division des choses vivantes qui se tiennent l'une à l'autre. Si Magdeleine n'a pas terminé sa vie par le martyre, dit sainte Thérèse, cela vient de ce qu'elle l'a enduré sur le Calvaire et qu'elle a continué de le souffrir durant tout le reste de sa vie par le terrible tourment qu'elle éprouvait d'être séparée de son divin maître.

Enfin la foule étonnée se disperse et les déicides, portant l'anathème sur le front, se heurtent dans les rues de la malheureuse cité. Le roc sacré du Calvaire devient plus silencieux, et parmi les rares personnes qui apparaissent encore, Magdeleine n'est pas la moins empressée à vou-

4.

loir rendre au très-saint corps les derniers témoignages de reconnaissance. Quoiqu'elle sente vivement dans son cœur la large blessure ouverte par le trait qui vient de le percer, elle ne peut consentir à se retirer, tant sa tendresse est grande. Pendant que Joseph d'Arimathie et Nicodème, princes des prêtres, descendent de la croix le saint corps du Sauveur et se disposent à l'embaumer, Magdeleine, toute éplorée, mais attentive à ce qui se passe, s'occupe à laver avec une foi admirable et une sainte délicatesse les pieds sacrés de Jésus qui ont toujours été son partage, et ne cesse de baiser ses plaies adorables.

Oh! que dans cette sainte fonction, les mains de Magdeleine durent être souvent arrosées du sang du Juste...! et ce sont ces mains qui toucheront bientôt pendant trente-trois ans le rocher de la Sainte-Baume et y laisseront empreints des mémoires bien dignes de vénération...! Le religieux pèlerin, qui médite un instant sur le bonheur immense que Dieu accorde à la Provence en lui confiant une des gloires du Calvaire, peut-il, en visitant les lieux saints de la Baume, avoir assez de respect et de piété?

Pendant ces circonstances, le feu sacré qui consumait Magdeleine, ne resta pas oisif. Avant de quitter le Calvaire, elle prit aux pieds de la croix, de la terre imbibée du sang de Jésus et la

MARIE MAGDELEINE.
a le bonheur de voir Jésus-Christ ressuscité sous la forme d'un Jardinier.

plaça dans une fiole de verre (1), trésor précieux que Magdeleine portait toujours avec elle (2). Cette fidèle amante avait ainsi le bonheur de pouvoir adorer en tout temps et à chaque instant ce sang divin nouvellement répandu pour la rédemption des hommes.

CHAPITRE IX.

MAGDELEINE SE HATE D'ALLER AU TOMBEAU.
DEUX ANGES LUI APPARAISSENT.
ELLE A LE BONHEUR DE VOIR JÉSUS RESSUSCITÉ.

L'embaumement du saint corps fut fait avec la plus grande précaution et beaucoup de respect, sans perdre néanmoins un seul instant, parce que le premier soir du sabbat approchait. L'on ne voulait pas être surpris alors dans ces préparatifs pour ne pas transgresser la loi du Seigneur. Dès que tout fut terminé et que Joseph d'Arimathie,

(1) Ostensa est mihi et Ampulla vitrea plena terrâ... quam in parasceve B. M. Magdalena *sub cruce* collegit. (Prierat, apud Surium.)

(2) Rem autem mirabilem *secùm* deferebat B. Maria Magdalena lapidem scilicet rubrum, in quo traditur inanime servatoris Christi corpus è sacro ligno demissum, fuisse repositum. (Niceph. Callix.)

avec ceux qui l'accompagnaient, eut roulé l'énorme pierre à l'entrée du sépulcre, Magdeleine, qui voulait témoigner son amour envers Dieu par sa constante fidélité à observer ses saintes ordonnances, quitte le Calvaire et se rend à Jérusalem. Elle passe dans le recueillement le jour du sabbat, interrompant même, par respect pour la loi de Dieu, ses soupirs et ses larmes. Sitôt que le soir du même jour fut arrivé, comme elle put donner, sans déplaire à son Dieu, un libre cours à sa tendresse et à son activité, elle se réunit à Johanna, Susanne, aux Maries et à d'autres saintes femmes, se met à rompre avec elles les épis de nard et se dispose avec ardeur à retourner au tombeau pour répandre, avec ses compagnes, le précieux parfum sur le saint corps du Sauveur. « Le pre-
« mier jour de la semaine, lorsqu'il faisait en-
« core obscur, elles sortirent de grand matin,
« portant les aromates qu'elles avaient préparés
« et arrivèrent au sépulcre, le soleil étant déjà
« levé. » Ces saintes femmes s'entretenaient en chemin de l'action qu'elles allaient faire et se communiquaient leur crainte : « qui nous ôtera,
« disaient-elles, la pierre de devant l'entrée du
« sépulcre ? car cette pierre est fort grande. Il
« se fit tout-à-coup un grand tremblement de
« terre. L'ange du Seigneur descendit du ciel, et
« s'approchant de la pierre, il la renversa et

« s'assit dessus. Il avait le visage brillant comme
« un éclair et son habit était blanc comme la
« neige. Les gardes en furent tellement saisis de
« frayeur qu'ils devinrent comme morts (1). »

L'obstacle à leur entrée dans le tombeau ayant disparu, ces saintes femmes y entrent et ne trouvent plus le corps du Sauveur. Une sainte anxiété agite Magdeleine en ce moment; elle va, elle vient, elle examine partout et partout ses recherches sont sans résultat. Enfin « elle courut trouver
« Simon Pierre et l'autre disciple que Jésus
« aimait et leur dit : on a enlevé du sépulcre le
« Seigneur et nous ne savons où on l'a mis. »
Les deux disciples allèrent à l'instant au sépulcre, ne trouvèrent que les linges et le suaire plié dans un endroit à part et retournèrent bien convaincus de la résurrection du Sauveur.

Magdeleine, arrêtée par son amour, ne peut se résoudre à les suivre. Toute éplorée, elle continue ses recherches, croyant n'avoir pas bien tout considéré. Toujours préoccupée de Jésus-Christ son Sauveur, elle est inconsolable tant qu'elle ne voit pas l'objet de son chaste amour. L'insuccès de ses recherches réitérées ne peuvent la décider à quitter ces lieux et à descendre à Jérusalem où étaient les disciples : « elle se te-

---

(1) St Math. 28-2 et suiv.

« nait dehors près du sépulcre, versant des lar-
« mes, » dans l'espérance que le Dieu tout bon
voyant sa persistance et ses soupirs ardents lui
donnerait la consolation de retrouver son trésor.
Son espérance ne fut pas vaine, car Dieu n'oublie jamais les larmes de ses vrais serviteurs et
les saints empressements d'un cœur qui ne bat
que pour lui. Éclairée aussitôt d'une lumière
céleste, elle jette de nouveau ses regards dans
l'intérieur du sépulcre et aperçoit, au lieu où on
avait mis le saint corps, deux anges assis, vêtus
de blanc qui lui dirent : « femme, pourquoi
« pleurez-vous ? » « C'est, leur dit-elle, qu'on
« a enlevé mon Seigneur et je ne sais où on l'a
« mis. » A peine eurent-ils prononcé ces paroles
qu'un rayon mystérieux illumine ces sublimes
intelligences..., une majesté surhumaine brille
dans leurs traits...! ils s'inclinent...! ils adorent...!
En leur présence, sous la forme d'un jardinier,
s'avance Celui qui habite une lumière inaccessible et s'assied sur les chérubins. Magdeleine s'en
aperçoit et se retourne pour examiner l'objet qui
inspire aux deux anges tant de respect et d'humilité. Elle voit le jardinier, mais pour le moment
elle n'en sut pas davantage. Jésus, pour ne pas
l'effrayer semble vouloir procéder par degrés et
ne se faire connaître qu'après lui avoir adressé
la parole. Il lui dit donc : « femme, pourquoi

« pleurez-vous ? Qui cherchez-vous ? » Magdeleine, que rien ne peut distraire de sa grande préoccupation, considère assez peu l'éclat éblouissant des deux anges et préfère discourir avec le jardinier, parce qu'elle pensait qu'il aurait pu peut-être avoir retiré le saint corps et l'avoir placé ailleurs. Elle eut alors un rayon d'espérance, et sans donner au jardinier des explications sur le sujet de ses larmes et de ses recherches, elle lui dit : « si c'est vous qui l'avez enlevé, dites-moi
« où vous l'avez mis et je l'emporterai. » Mais Jésus satisfait d'un amour si constant, voulut faire cesser cette sainte anxiété et lui dit : « Marie ! » Ce mot prononcé d'une voix si douce et si tendre pénètre le cœur de Magdeleine. Elle reconnaît Jésus, sous la forme du jardinier, s'incline, l'adore et lui dit : « Rabboni, Maître. » Elle s'approche aussitôt, veut lui baiser les pieds; mais Jésus lui dit : « ne me touchez pas, je ne suis
« pas encore monté vers mon Père, allez trouver
« mes frères et dites-leur : je monte vers mon
« Père et votre Père, vers mon Dieu et votre
« Dieu (1). »

(1) Note. Dans l'église du Saint-Sépulcre à Jérusalem on montre une pierre ronde, plate et de couleur grise qui, d'après la tradition, désigne l'endroit où était le Sauveur quand il apparut à Magdeleine et lui dit : « ne
« me touchez pas. » *(Mon. inéd.)*

Que les jugements de Dieu sont profonds et les dispositions de sa providence admirables...! Voilà Magdeleine appelée naguères la Pécheresse de Béthanie et maintenant favorisée des grâces les plus précieuses. Distinguée parmi toutes les saintes femmes, à l'exception de Marie immaculée, elle reçoit des prérogatives étonnantes et surtout la faveur d'être le premier témoin de la résurrection glorieuse de Jésus et la haute mission de l'annoncer aux apôtres.

Que le cœur de Magdeleine devait être bien pur, son amour pour Dieu bien grand et sa conversion bien sincère !

CHAPITRE X.

MAGDELEINE, APRÈS L'ASCENSION DE N. S. JÉSUS-CHRIST, DEMEURE, PENDANT QUELQUES ANNÉES, RECLUSE A BÉTHANIE.

Notre Seigneur Jésus-Christ, par ses fréquentes apparitions, avait multiplié le nombre des témoins de sa résurrection. Avant de s'élever dans le ciel en présence de ses disciples, il se fait voir une dernière fois à eux, à Jérusalem, dans le lieu où ils étaient assemblés et dans le temps qu'ils étaient à table (1). Il veut bien s'y mettre avec eux pour les persuader de plus en plus de la vérité de sa résurrection. Après le repas il les conduit sur la montagne des Oliviers, voisine du bourg de Béthanie (2), se montre à eux dans l'éclat de sa majesté et leur donne une très-haute idée de ce séjour bienheureux où il va marquer leurs places. Il les remplit d'une douceur si intérieure et si céleste, qu'en le voyant s'élever aux cieux, ils sont tous ravis et demeurent sur la montagne, lors-même qu'une nuée leur a fait perdre de vue leur divin Sauveur.

Cependant Marie Magdeleine conservait dans son cœur le souvenir des grandes choses que le Tout-Puissant avait faites en elle. Le sens de ces belles et profondes paroles, « ne me touchez pas, « je ne suis pas encore monté vers mon Père, » était le sujet constant de ses réflexions, et plus elle les méditait, plus elle se sentait disposée à faire en toute chose la volonté de celui qui seul peut faire des heureux. Elle comprend que son divin maître, en les lui adressant, voulait en elle une vie au-dessus des sens et des objets périssables, une vie, autant qu'il est donné à une créature d'y atteindre, semblable à l'état de Jésus-Christ retiré en Dieu. Elle comprend qu'ayant,

(1) Novissimè recumbentibus illis apparuit. (St Marc, 16-14.)
(2) Eduxit eos foràs in Bethaniam. (St Luc, 24-50.)

avec le secours de la grâce, choisi la meilleure part, elle ne doit se livrer au repos seulement alors qu'elle l'aura obtenue sans crainte de la perdre. Dès-lors, quels désirs de solitude devaient embraser son âme! Quelles saintes rigueurs dans sa pénitence! Quels combats persévérants et dignes d'admiration de la part même des anges! Une résolution si intérieure et si pure, soutenue d'une volonté ferme et toute pour le ciel, conduit rapidement à des progrès consolants. Bientôt, animée de l'esprit de Dieu, toute sa vie est presque invisible et intérieure; tout ce qu'elle fait part de ce principe divin qui la remplit. Qu'elle se réjouisse, qu'elle pleure, qu'elle soit dans l'élévation ou dans l'obscurité, dans l'abondance ou dans la privation, dans la santé ou dans la maladie, elle trouve dans tous ces états la paix de son âme, des sources de réflexions saintes et des louanges pour son Dieu. Éclairée par une foi vive, elle voit dans un nouveau jour le néant des choses humaines et la grandeur des biens éternels. Aussi prend-elle soin de ne jamais abaisser son cœur vers la terre et veut que sa conversation ne soit plus que dans le ciel avec son Dieu. Pour entretenir ce feu sacré qui la consume, à peine a-t-elle quitté le rocher des Oliviers, après l'ascension de Jésus, qu'elle se livre à son attrait pour la retraite, le silence, l'oraison, et va, d'après une ancienne tradition d'Orient, s'enfermer à Béthanie, dans une espèce de prison que l'on croit être le vestibule du tombeau de Lazare, et passe sept années recluse en ce lieu, s'offrant continuellement en holocauste à son Dieu et dans l'exercice d'une sainte et rigoureuse pénitence. Sa sœur Marthe, qui était instruite de sa retraite, lui faisait passer par une petite ouverture le pain (1) et l'eau nécessaires pour sa subsistance.

Mais Dieu, qui veut montrer au monde, pour la sanctification des âmes, les deux voies indispensables pour arriver au ciel, l'innocence et la pénitence, retirera bientôt Marie Magdeleine de sa chère retraite, pour qu'elle soit la compagne de la très-sainte Vierge et le témoin de sa très-glorieuse mort (2). Que de motifs de confiance dans cette sainte familiarité ! Si l'innocence n'a jamais quitté notre cœur, la mère de Jésus nous montrera la voie de la belle dilection que nous ne

---

(1) Bethaniæ est capella in quâ est sepulcrum Lazari... in hâc capellâ est caverna decavata in lapide, et est carcer Mariæ Magdalenæ, ubi post ascensionem Domini septem annis mansit inclusa totaliter ; soror tamen sua Martha parrigebat ei panem et aquam per fenestram. (Frat. Ans. min. ap. *mon. inéd.*)

(2) Christus fecit eam (Magdalenam) familiarem suam et sociam matris suæ, scilicet virginis Mariæ, quæ licet esset purior sole, dedit tamen ei istam in sociam. (St Vincent Ferrier.)

devons jamais abandonner jusqu'à ce que nous soyons arrivés à notre fin heureuse ; mais si le vice a fait des ravages dans notre âme et nous a ravi notre trésor, Magdeleine nous dira que nous pouvons réparer nos pertes par la fidélité à la grâce, la douleur et le saint amour. Elle nous dira que le Dieu bon et miséricordieux accueille toujours l'hommage d'un cœur jadis insoumis, lorsqu'il se présente à lui contrit et humilié.

Après sept années de reclusion volontaire, passées dans une pénitence continuelle, Magdeleine, docile à la voix du Seigneur, quitte sa retraite de Béthanie et se rend, toute confuse d'une si belle prérogative, auprès de Marie, mère de Jésus, pour être sa compagne. Si nous avions à suivre notre Sainte dans ses rapports avec la reine des anges, nous la verrions, coordonnant avec un discernement admirable la vie active à la vie contemplative, manifester en toute occasion à la mère de Jésus, son zèle, son amour et son dévouement pendant les sept années qu'elle avait encore à passer en Palestine. Nous la verrions, attentive, en présence de Marie immaculée, lorsqu'il plut au divin Sauveur de retirer du désert sa très-sainte mère et voulut l'appeler au ciel pour en être la reine. Mais il nous faut suivre Magdeleine dans les diverses phases qu'elle doit traverser à Jérusalem et ailleurs avant qu'elle arrive dans sa grotte du désert. Cependant les heures de son séjour en Palestine s'écoulaient rapidement, et la dernière allait bientôt arriver, car Marie, mère de Jésus, âgée de cinquante-huit ans, venait de mourir à Jérusalem, et son saint corps placé dans un sépulcre, à la vallée de Josaphat (1).

Après l'assomption glorieuse de Marie, le Dieu des miséricordes prépare d'une manière plus particulière les voies pour que sa fidèle amante et ses disciples viennent embaumer nos contrées de Provence du suave parfum de leurs vertus, et nous faire entendre la grande et heureuse nouvelle du salut.

La fureur suscitée par la haine contre le nom chrétien, ne tarde pas à se propager au loin et commence aussitôt à faire pousser de tristes soupirs dans la Palestine. Si cependant ces agitations, qui précèdent les larmes et le sang, doivent rendre ces contrées malheureuses, elles serviront du moins à faire transporter dans les nôtres la vraie lumière et le bonheur.

---

(1) Saint Jean Damascène, le vénérable Canisius, le pape Urbain II, pensent que la très-sainte Vierge mourut à Jérusalem et que son sépulcre est dans la vallée de Josaphat. (Bén. XIV. Defestis.) La croyance de l'Église est que Marie ressuscita peu après sa mort et que, par une glorieuse assomption, elle fut élevée en corps et en âme dans le ciel.

CHAPITRE XI.

PERSÉCUTION SUSCITÉE EN JUDÉE PAR HÉRODE AGRIPPA. DISPERSION DES DISCIPLES. LEUR ARRIVÉE PRÈS DE MARSEILLE. MARIE MAGDELEINE, A MARSEILLE. SON APOSTOLAT. SA RETRAITE.

En montant au ciel, notre divin Sauveur avait ordonné à ses apôtres d'annoncer à tous les peuples le saint Évangile, en commençant par la Judée, et de réunir les nations à la même foi. Cette vocation étant vaste et sublime, il fallait aux apôtres, de la force, de l'intrépidité et des lumières supérieures. Il leur fallait la plénitude de l'Esprit-Saint qui leur apprendrait toutes choses et les fortifierait contre les attaques incessantes de l'impiété et des persécutions. En attendant cet heureux événement qui devait ouvrir leur apostolat, les apôtres se renferment dans le Cénacle avec « Marie, mère « de Jésus, et les saintes femmes, persévérant « dans la prière et le jeûne. » Aussitôt les langues de feu apparaissent et les disciples ont l'ineffable bonheur de recevoir le Saint-Esprit et la plénitude de ses dons.

Quel changement alors s'opère-t-il en eux ? Auparavant lents à croire, chancelants et craintifs, ils n'osaient paraître et s'avouer les disciples de Jésus-Christ; maintenant ils montrent une énergie, un zèle et un courage qui leur feront braver toutes les persécutions, les souffrances et la mort. C'est dans Jérusalem, cette malheureuse cité déicide, qu'ils commencent à annoncer les paroles de la vie éternelle, et bientôt les conversions sont si nombreuses que le Sanhédrin en est irrité. L'impiété croit arrêter ces heureux commencements par la violence de ses persécutions. Ignore-t-elle donc que l'œuvre de Dieu sait se frayer un passage à travers les cachots, les instruments de supplice et le sang? Ignore-t-elle que tous les efforts humains seront toujours impuissants à la faire disparaître et ne sauraient même arrêter ses progrès? L'impiété jalouse et frémissante désigne d'abord à la fureur et à la haine des Princes des prêtres et du peuple, un vertueux diacre, saint Étienne, qui est conduit, pour être lapidé, hors des murs de Jérusalem. Les horribles circonstances de ce martyre et ce sang fraîchement répandu, effrayent les fidèles, mais ne les abattent pas ; ils se dispersent dans les villes voisines pour fuir la persécution et en se dispersant ils posent les fondements de nouvelles églises dans la Palestine, la Samarie, la Phénicie, et préparent ainsi l'extension du règne de Dieu. A cette première persécution en succède bientôt une autre et plus longue et plus violente, suscitée par Hérode Agrippa, petit-fils d'Hérode-le-Grand. C'était la quatorzième année après l'Ascension, quand ce prince inhumain, pour complaire au peuple et montrer son zèle pour son culte abrogé, fait éclater sa haine contre les chefs de l'Église. L'apôtre saint Jacques fut pris et décapité, saint Pierre fut mis en prison sous la garde la plus sévère, et une multitude de fidèles voués à l'exil. La proscription n'épargna pas même les femmes chrétiennes de la Judée. Si nous avons à gémir sur les excès du fanatisme et le funeste aveuglement des persécuteurs qui persistent à poursuivre le nom chrétien pour le faire disparaître, nous avons à remercier le Dieu de bonté qui se plaît à couronner le triomphe de ses enfants au milieu de ces divers combats, et sait retirer de la haine funeste des méchants les éléments qui doivent faire connaître et bénir son saint nom. C'est ainsi que la persécution suscitée par Hérode fut, pour la Provence surtout, un événement de bénédiction et de bonheur. Heureuse persécution! car c'est elle qui, en nous envoyant quelques-uns de ces illustres exilés, a procuré à nos pères, assis dans les ténèbres et à l'ombre de la mort, le bienfait inestimable de la foi. La légende romaine, 29 juillet, fête de sainte

Marthe, expose en ces termes le récit du départ de nos heureux proscrits : les juifs, s'étant emparés de Marthe, Lazare, Marie Magdeleine, Marcelle, Maximin, l'un des septante-deux disciples et plusieurs autres saints personnages, les déposèrent dans une barque sans rames, sans voiles, et les lancèrent à la mer, pensant bien que cette barque aussi mal pourvue n'irait pas loin et que nos exilés périraient infailliblement dans les flots. Mais Dieu, qui veille toujours sur ses enfants, ne permit pas la réussite des sinistres projets des persécuteurs, dirigea sûrement la sainte nacelle, et la fit arriver heureusement près de Marseille, après six jours de traversée (1).

Ces saints disciples du Sauveur, qui connaissaient le prix important du dépôt sacré confié à leur soin, ne tardèrent pas, dès qu'ils eurent touché le sol de la Provence, de s'occuper à dissiper les ténèbres de l'erreur et de sauver des âmes.

Marseille fut la première ville qu'ils évangélisèrent. Dès leur arrivée dans cette immense cité, ils se logèrent dans le péristyle d'un petit temple abandonné, situé devant le portique du grand temple de Diane. C'est de cet endroit que Marie

(1) Les disciples du Seigneur abordèrent... auprès de la ville de Marseille, dans l'endroit (les Saintes-Maries) où le Rhône se jette dans la mer des Gaules. (Rab. Maur.)

Magdeleine apercevait aisément cette foule immense qui courait au temple pour offrir de l'encens au démon. Un cœur comme le sien ne pouvait demeurer dans l'inaction à la vue de tant d'âmes qui se perdaient. Sa bouche aussi ne pouvait demeurer silencieuse, car la bienheureuse possédait le divin amour, et avec lui, le vrai zèle qui recherche l'occasion de faire du bien. Aussi la vit-on en toute circonstance annoncer à ce peuple les vérités du salut. Cette semence divine, répandue avec amour et discernement, ne devait pas être stérile. Bientôt en effet des cœurs attentifs et dociles vinrent adoucir la sainte tristesse des disciples du Sauveur, et montrèrent par des actes pieux et sincères qu'ils étaient disposés à suivre la voie étroite qui conduit au ciel.

Pour marquer leur gratitude envers sainte Magdeleine et perpétuer la mémoire d'un événement si heureux, les premiers fidèles marseillais érigèrent une chapelle en l'honneur de la Sainte, à l'endroit même où elle annonçait les saintes ordonnances du Seigneur.

Dans tous les temps, les habitants de Marseille ont eu la plus grande vénération pour cette petite chapelle, construite en face de l'église de la Major, au carrefour des Treize-Coins. Plusieurs fois tombée en ruine, cette chapelle, qui avait pour ornement principal un morceau de sculpture en bas-relief, représentant la Sainte environnée d'auditeurs devant le portique d'un temple, fut rebâtie, sur le même emplacement, en 1220, et plus tard elle le fut encore en 1615. Toutes ces ruines antiques et précieuses ont disparu, avec tant d'autres monuments, depuis quelques années seulement.

Cependant Marie Magdeleine, avec sa foi vive et son désir ardent de pénitences, passait dans la retraite, toutes les heures qu'elle ne consacrait pas à la prédication de la loi sainte. Elle choisit, pour se livrer à ses pieuses dispositions, un réduit triste et sombre que saint Lazare avait fait creuser dans le roc, à l'endroit même où fut construite plus tard l'abbaye de Saint-Victor. On voit encore aujourd'hui dans l'église basse de cette paroisse, cette crypte étroite, pauvre, irrégulière où l'art et la symétrie ne se montrent nulle part. Une tradition, constante à Marseille, tient que cette crypte était un lieu de réunion pour les premiers chrétiens, et qu'elle servait de retraite à saint Lazare et à ses néophites pendant la persécution.

C'était dans cet antre que Magdeleine se livrait à la pénitence la plus austère. C'était là aussi qu'elle répandait avec effusion son âme devant le Dieu des miséricordes pour obtenir la conversion des habitants de Marseille.

Cette grotte sainte qui reçut, en Provence, les

premières larmes de Magdeleine et ses premiers soupirs, a toujours été, depuis cette époque, en grande vénération. Les marseillais, en reconnaissance des bienfaits qu'ils avaient reçus des premiers disciples et de notre bienheureuse en particulier, érigèrent dans cette grotte, en l'honneur de saint Lazare et de sainte Magdeleine, un autel simple et modeste, placé au fond de la crypte et à peu de distance du siége en pierre sur lequel était assis saint Lazare lorsqu'il administrait les sacrements aux premiers chrétiens (1).

Saint Jean Cassien, qui visitait souvent cette retraite, en 425, et se plaisait à pleurer sur le roc même où Magdeleine avait tant gémi, se montra docile à l'inspiration divine et fit construire sur le saint rocher un vaste monastère pour ses religieux (2).

(1) Locum illum (id est cryptam) Massilienses quasi nascentis fidei suæ ac pietatis incunabula, singulari religione semper coluerunt; ibidem que, Magdalenâ demortuâ, in monumentum rei gestæ ac vetustatis exemplum, aram et ædiculam sub saxo sacro, dedicarunt. (Cass. illust. lib. 1, cap. 46.)

(2) Sanctus Cassianus in suburbanam Magdalenæ sacram ædem haud procul ab hominum congressu, ita coluit, ut mirum in modum promoverit et auxerit.... hanc principibus viris Deus mentem injecit ut monachis etiam laxiorem domum construerent. Locus ædificio designatus, vetus illa eadem spelunca Magdalenæ. (In eod. auct.)

Cette vénération antique pour l'antre des pleurs, à Marseille, s'est perpétuée, vive et féconde, pendant des siècles. Aujourd'hui encore, on pénètre dans le saint caveau avec une émotion sensible et une vénération profonde.

CHAPITRE XII.

SÉJOUR DE MARIE MAGDELEINE A AIX. SON OCCUPATION.

Pendant que saint Lazare, premier évêque de Marseille, travaillait à multiplier dans cette ville le troupeau de Jésus-Christ, saint Maximin, le fidèle disciple, exerçait les mêmes fonctions dans la ville d'Aix dont il était évêque. La bonne nouvelle du salut se propagea rapidement, et les habitants de ces deux grandes cités accoururent avec empressement pour l'entendre. Comme il était difficile de résister à l'esprit qui animait les deux pontifes, aux grandes vertus dont ils donnaient l'exemple, et à la majesté des miracles qu'ils opéraient, l'on vit bientôt la divine semence germer dans les cœurs et produire des conversions nombreuses et sincères, qui furent, pour les deux ouvriers évangéliques, une heureuse récompense, un vrai bonheur. Celui qui règne dans les cieux eut, dès-lors, à Marseille et à Aix, des vrais adorateurs en esprit et en vérité.

Pendant que la religion sainte se propageait avec célérité dans nos contrées, Marie Magdeleine, qui savait que l'apôtre saint Pierre l'avait recommandée à la sollicitude religieuse de saint Maximin, voulut se conformer exactement à la sainte volonté de Dieu (1). Elle fit taire la voix du sang qui la réclamait auprès de Lazare son frère, suivit à Aix le saint disciple Maximin et demeura avec lui dans cette ville, jusqu'à ce qu'il plût au Seigneur de l'appeler à la pénitence dans la grotte du désert. Avec le saint Pontife, l'illustre amie du Sauveur se livrait à la contemplation dans cette ville, car depuis qu'elle eût choisi avec tant de sagesse la meilleure part et qu'elle en eût obtenu la possession aux pieds de Jésus Christ, jamais cette meilleure part ne lui fut ôtée. Elle ne demeura pas cependant à Aix dans une solitude profonde et toute absorbée dans la contemplation des choses célestes. Si elle eût consulté son attrait

---

(1) Maximino, quâdam speciali prærogativâ, à B. Petro, apostolo, Magdalena fuerat commendata. (In brev. massil.)

— Maximini religioni atque sanctitati B. M. Magdalena caritatis vinculo se conjunxit, ut quòcumque eos dominus vocaret ab ejus comitatu seu contubernio non separaretur. (In act. ant.)

intérieur et sa consolation, cette vie silencieuse et retirée aurait été selon son cœur; mais elle voyait des âmes rachetées par le sang divin gémir dans un esclavage honteux, son Dieu méconnu, la vérité proscrite et l'encens fumer sur des autels idolâtres. Dès-lors, un cœur comme celui de Magdeleine ne pouvait se livrer au repos, goûter seul à loisir la suavité des consolations divines, tandis que le prince de ce monde entraînait ses frères bien loin de la véritable patrie. Elle consacra donc quelques-unes de ses heures à la vie active et s'occupa à dissiper les ténèbres qui enveloppaient le sol de notre Provence jusqu'alors si malheureuse (1). Les miracles, qu'elle opérait avec une facilité inexprimable, servaient à établir la vérité de ses paroles et excitaient la foi dans ses auditeurs. Son amour ardent et son maintien

---

(1) Ascendentes navem prospero cursu pervenerunt Massiliam... ibique vectationem navis relinquentes, domino annuente, *aquensem agressi sunt comitatum*, divini verbi cunctis semina largiter erogantes, die noctu que prædicationibus, jejuniis et orationibus insistendo, ut populum ipsius regionis incredulum, nondùm que fonte baptismatis innovatum, ad agnitionem et cultum Dei omnipotentis perducerent. (Extrait d'une ancienne vie de sainte Magdeleine du Ve ou VIe siècle, que l'on croit être un fragment des actes de saint Maximin.)

Alibi legitur : tandem *territorium aquense* adeunt, et populum regionis illius ad fidem convertunt. (In act. ant.)

angélique inspiraient le respect à tous ceux qui avaient la consolation de la voir et de l'entendre, car c'était avec une grâce merveilleuse qu'elle racontait ce qui venait de se passer à Jérusalem, concernant le divin Sauveur. Ses traits s'illuminaient, lorsqu'elle traitait dans ses entretiens de l'amour immense de Jésus pour les hommes, de ses miracles, de sa mort, de sa résurrection, de la promulgation de la loi nouvelle et de la nécessité de se soumettre à cette loi et de la suivre pour être les vrais enfants du ciel. Rarement se retirait-on de ses prédications sans éprouver un changement dans le cœur et sans répandre des larmes? Son extérieur était si mortifié, sa nourriture si frugale et surtout ses paroles si empreintes de l'amour divin, que chacun, à son aspect, était enflammé d'amour pour le Sauveur et dans une salutaire confusion à la considération de sa propre misère. Oh! que nos pères, dociles à la voix de la grâce et instruits des vérités saintes, étaient heureux de pouvoir contempler dans Magdeleine ces yeux qui avaient si souvent arrosé de leurs larmes les pieds du Sauveur; cette chevelure, qui couvrait ses modestes vêtements, encore teinte peut-être du sang de l'Agneau, et cette bouche qui avait si souvent baisé les plaies sacrées de Jésus et qui maintenant leur annonçait, avec une foi si vive et une charité si ardente, les saintes ordonnances qui conduisent au ciel !

Dès qu'il y eut à Aix quelques fidèles qui eurent embrassé la doctrine du salut, saint Maximin fit construire l'oratoire de Saint-Sauveur pour y réunir les nouveaux chrétiens et y célébrer les saints mystères. C'était dans cet oratoire que Marie Magdeleine venait répandre, pendant de longues heures, son âme devant Dieu, et avait le bonheur de recevoir dans la sainte communion le Dieu de bonté qui était toute sa joie sur la terre et devait être son unique récompense dans le ciel (1).

Il n'entrait pas cependant dans les desseins de la divine Providence que notre Sainte restât à Aix, au milieu des nouveaux convertis ou de ceux qui attendaient l'heureux moment de pouvoir accueillir la bonne nouvelle. Il fallait à cette âme qui ne voyait que Dieu, ne pensait qu'à lui, ne respirait que pour lui, une solitude profonde qui lui permit d'apaiser cette avidité insatiable de pénitences qui la tourmentait, et lui donna le temps et la facilité de se livrer à cet ardent désir de la contemplation qui la consumait.

Dieu, toujours admirable dans ses saints, donna bientôt ce qu'il fallait à ce cœur saintement dévoré par le feu du divin amour.

(1) Séjour de sainte Magdeleine à Aix. (Voir Raban Maur, tout le chap. 38.)

CHAPITRE XIII.

MAGDELEINE EST TRANSPORTÉE PAR LES ANGES, D'AIX A LA SAINTE-BAUME.

Aux limites du diocèse de Fréjus, du côté de Marseille, on voit, avant d'arriver à la petite ville de Saint-Zacharie, une longue chaîne de rochers de nature calcaire et dont l'élévation est à trois mille pieds au-dessus du niveau de la mer. Dans le flanc de cet immense rocher, entièrement dépouillé de verdures et presque taillé à pic depuis sa base jusqu'à son couronnement, se trouve une grotte assez vaste et d'un aspect sombre et sauvage, appelée, en langue vulgaire, Sainte-Baume. La vue de ce désert, l'élévation de la grotte et la magnifique forêt qui prolonge au milieu de la plaine ses arbres d'une hauteur prodigieuse et d'une étonnante variété, invitent l'âme à de douces émotions et la prédisposent à goûter le silence solennel qui règne en ces lieux. C'est dans cette grotte que Marie Magdeleine de Béthanie, la pécheresse de l'Évangile, va se livrer pendant trente-trois ans à la pénitence la plus austère, et recevoir avec abondance les communications divines (1) (2).

La vive flamme de la belle dilection allumée dans le cœur de Magdeleine devenait immense de plus en plus, ainsi que son désir ardent de se séparer de tout ce qui est terrestre et périssable

---

(1) On lit dans des écrits anciens que les anges eux-mêmes préparèrent la sainte grotte à Marie Magdeleine.

Asperrimam eremum petiit (Magdalena) et in loco angelicis manibus præparato, incognita permansit. (In act. ant.)

(2) NOTE. Des blocs immenses de granit, dispersés dans la forêt de la Baume, et recouverts en partie d'une mousse lisse et verdâtre, apparaissent surtout dans les beaux sites en-dessous de la sainte Grotte. La tradition orale, perpétuée d'âge en âge, nous a transmis qu'à l'instant du brisement du rocher du Calvaire, à la mort du divin Rédempteur, ces blocs énormes se détachant, par miracle, de la montagne de la Sainte-Baume, mirent à découvert, par leur séparation du roc primitif, la vaste grotte qui devait servir de retraite à sainte Magdeleine.

C'est sans doute cette pieuse croyance qui a fait dire à l'auteur des anciens actes sur sainte Magdeleine, que c'étaient les anges eux-mêmes qui avaient préparé la grotte pour la Sainte.

Jusqu'à ces derniers temps on avait vu, en face du bloc énorme de granit qui touche le talus du sentier qui conduit à la grotte, une croix à vastes dimensions que les religieux avaient placée en ce lieu, afin de perpétuer le souvenir d'un événement si extraordinaire. (Tradition orale.)

pour mener une vie pénitente et toute retirée en Dieu. Le divin Sauveur, qui connaissait les sublimes élans du cœur de sa servante, la dispose à quitter Aix et l'appelle dans la retraite de la Sainte-Baume pour y vivre inconnue jusqu'à sa mort.

Quel moyen va prendre maintenant Magdeleine pour parvenir dans son antre dont l'accès offre tant de difficultés ?

L'illustre pénitente peut bien être, d'après les paroles du docte et pieux M. Olier, une des âmes, après la bienheureuse mère de Dieu, du plus grand amour pour Jésus-Christ et de Jésus-Christ pour elle, qui soit au ciel. Cet amour fût-il supérieur à celui des saints anges, même ceux qui sont le plus élevés en gloire, elle ne pourra pas, par elle-même et par ses propres forces, surmonter toutes les difficultés qui existaient alors dans le trajet d'Aix à la forêt, de la forêt à la racine du rocher et du rocher à la Baume, si ces difficultés, comme cela paraît certain, étaient alors insurmontables, surtout pour une personne délicate.

D'Aix à la Sainte-Baume, la distance était assez longue, et le sol, comme il l'est encore même aujourd'hui, était extrêmement accidenté. L'on voyait alors en ces lieux des forêts immenses, des rochers affreux, laissant à leur base des ravins presque impossibles à franchir. Dans cette vaste solitude, les rares sentiers, si toutefois il y en avait, traversant nécessairement des côteaux, des torrents, des précipices, ne pouvaient donner qu'une direction très-difficile et incertaine. Voudra-t-on que Magdeleine affronte de pareilles difficultés, dont une seule aurait vaincu le courage d'un homme intrépide, habitué même à des courses longues et dangereuses ? Admettons cependant que le cœur de notre illustre pénitente, ardent pour la solitude et brûlant de conserver cette bonne part qu'elle a choisie avec tant de discernement, lui donne assez d'activité et de courage pour surmonter ces premières et graves difficultés, et lui permette d'arriver à la base de son immense rocher qui vient de s'ouvrir pour lui donner une retraite. Comment va-t-elle faire pour arriver dans le lieu où elle doit pleurer? L'élévation de l'antre est à deux mille huit cents pieds du sol; le rocher qui lui a donné place dans son flanc est très-dur, taillé presque à pic depuis sa base jusqu'à son couronnement; il n'offre, pour rendre l'ascension jusqu'à la grotte un peu moins impossible, ni sinuosité dans sa coupe, ni la moindre trace d'un étroit et difficile sentier (1). Aujourd'hui

(1) Il est certain que la célébrité de la sainte Grotte est la cause première des travaux immenses exécutés avec tant de labeur, pour obtenir l'étroit sentier qui existe. Après la mort de la Sainte, les fidèles, dévoués à son culte, prirent des moyens pour parvenir dans ce

encore le visiteur, qui arrive en face de la sainte grotte se demande comment Magdeleine, alors qu'aucune voie n'y conduisait, a pu surmonter

lieu de pénitence, objet permanent de leur pieuse vénération. Les œuvres de la curiosité seule, sans l'espérance d'un profit au moins matériel, s'arrêtent ordinairement en présence des travaux si onéreux, si vastes et qui exigent tant de persévérance.

Plusieurs raisons portent à croire que les religieux cassianites, en 425, furent les auteurs de ce travail, lorsqu'ils furent réunis en communauté.

1° Pendant les trois premiers siècles, les fidèles, obligés de se cacher dans les souterrains et de s'abstenir de tout culte extérieur, auraient pu difficilement se réunir en grand nombre et s'occuper ostensiblement et pendant longtemps à cette œuvre religieuse. (Les monuments anciens ne disent rien sur l'existence de ce sentier pendant les trois premiers siècles.)

2° Le saint abbé Cassien, si dévoué au culte de sainte Magdeleine, établit son ermitage assez éloigné de la sainte Grotte. S'il avait pu se fixer d'abord dans l'antre, ou sur le bord du rocher, comme il le fit plus tard, le saint homme l'aurait fait certainement.

3° Si les religieux cassianites, vivant en communauté près de l'ermitage de saint Cassien, vinrent se fixer sur les bords du rocher, ne serait-ce pas, parce qu'alors étant assez nombreux, ils purent s'occuper à loisir à **construire les arceaux, murs et remblais nécessaires pour obtenir un sentier et parvenir à la sainte Grotte?**

Toutes ces raisons peuvent être suffisantes pour admettre l'opinion que les religieux cassianites ont été les premiers à tracer le sentier qui existe à la Sainte-Baume.

des difficultés si grandes et parvenir dans l'antre saint de la pénitence. Son étonnement redouble s'il examine attentivement la direction du roc, son étonnante élévation, les énormes plis perpendiculaires qu'il présente en plusieurs endroits et surtout s'il écarte par la pensée tout le travail opéré pour obtenir plus tard l'étroit sentier qui existe, arceaux, terrassements, murs immenses, piliers d'appui, brisements du rocher. C'est alors que le précipice apparaît dans toute son horreur primitive ; c'est alors aussi que l'impossibilité de parvenir à la grotte, surtout pour une femme délicate, apparaît manifeste.

Cependant une tradition permanente toujours d'accord avec des monuments historiques dont un grand nombre ont traversé les siècles et subsistent encore, comme on peut le voir dans le savant ouvrage de M. l'abbé Faillon ; l'Église romaine qui approuve pour le diocèse de Fréjus l'office de l'invention du corps de sainte Magdeleine par Charles de Salernes, et reconnaît la présence du corps de notre Sainte à Saint-Maximin ainsi que ses miracles (1) ; le témoignage de

(1) Deus, qui ecclesiam tuam hodiernâ die sacrosancti corporis beatæ Mariæ Magdalenæ revelatione gloriosâ lætificas, concede propitiùs, ut qui ejus *præsentiâ* et *miraculis* illustramur, perpetua quoque in mente et corpore beneficia consequi mereamur. (In off. inv. rel. sanctæ Magd.)

saint François de Sales qui, dans son traité de l'amour de Dieu, livre 7-11, assure que Magdeleine a demeuré pendant trente ans, en la grotte que l'on voit en Provence; celui de saint Vincent Ferrier dans son sermon sur notre Sainte; les pieux pèlerinages à la Sainte-Baume de saint Louis, évêque de Toulouse, de sainte Brigitte, princesse de Suède, et de tant d'autres personnages illustres, donnent à la vie érémitique de sainte Magdeleine, dans le désert de la Sainte-Baume, une certitude complète et persuasive.

Magdeleine a donc habité l'antre du désert; mais ce n'est pas avec sa puissance qu'elle a pu surmonter des difficultés qui étaient pour elle insurmontables. C'est le Dieu bon et miséricordieux qu'elle adore et qu'elle aime avec tant d'ardeur; c'est celui qui sait applanir, quand il ordonne, les obstacles que peuvent rencontrer ses enfants dociles, qui daigne confier l'exécution de ses volontés sur son humble servante aux sublimes intelligences qui se hâtent d'obéir à celui qui est dans le ciel la splendeur des anges et des saints.

La sainte Écriture rappelle souvent le merveilleux ministère des anges, et quelle que soit l'époque que l'on consulte, on ne trouvera pas sur la terre de tradition plus universelle et plus constante. On voit dans l'Apocalypse les anges aller du ciel à la terre et de la terre au ciel ; ils portent, ils interprètent, ils exécutent les ordres de Dieu. Ce sont eux qui offrent sur l'autel d'or, qui est Jésus-Christ, ces parfums qui sont les prières des saints. C'est un ange qui transporte le prophète Habacuc de Judée à Babylone ; l'apôtre saint Philippe fut transporté de la même manière dans la ville d'Azot, et saint Paul fut ravi au troisième ciel.

Ce sont aussi les anges qui ont transporté Marie Magdeleine d'Aix à la Sainte-Baume, ainsi que le prouvent les témoignages suivants.

Dans un écrit récent, présenté et lu à la séance publique de l'Académie de Marseille, on lit : « une Sainte célèbre par sa naissance, par ses richesses, sa beauté, ses erreurs, son repentir et sa pénitence, vint, du fond de la Judée, se réfugier sur les rives d'un état fondé par les Phocéens et alors occupé par les Romains ; *transportée*, dit-on, d'une *manière miraculeuse*, elle y demeura trente-trois ans et y termina sa vie dans les prières, les larmes, les austérités et la pratique d'une religion dont la sublime morale allait s'étendre dans toute la terre (1). »

Saint Vincent Ferrier, qui avait reçu de notre divin Sauveur le don des miracles, des prophéties et la mission divine d'évangéliser les nations, dit

(1) M. de Villeneuve-Bargemont.

avec assurance et avec une conviction profonde, comme organe fidèle de la tradition des siècles qui l'avaient précédé (si toutefois encore il n'avait pas connu cette vérité par révélation) : « aussitôt « les anges vinrent et portèrent Marie Magdeleine « d'Aix à la Sainte-Baume (1). »

S'il faut encore un témoignage pour établir la vérité du transport de notre Sainte à la Baume par le ministère des anges, sainte Magdeleine elle-même va nous le donner du haut du ciel par la médiation d'une grande servante de Dieu. Dans sa trente-huitième vision, sainte Françoise, Romaine, ravie en extase, est admise à admirer la gloire des saints dans l'éternel séjour. Elle voit Magdeleine toute rayonnante de beauté ; elle entend cette séraphique amante dire à son divin époux : « par le ministère des anges, je suis ar-« rivée sans peine dans le désert (2). »

Le chrétien imparfait, en présence des faveurs

---

(1) Statim angeli venerunt et portaverunt ipsam (Magdalenam) de Aquis usquè ad Balmam. » (St Vin. Ferr. serm. de sainte Magd.)

(2) Magdalena dixit : « ô verbum divinum, in fide quam in te habui semper fui firmata, et ideò sic læta *in desertum ascendi sinè aliquo labore. Omnes vos (angeli) me juvistis.* Precor ad reddendas gratias summo amori qui mihi tantum bonum fecit, et in suo amore me replevit : septem horis eram in die ad sentiendum istud bonum (Sainte Fran., visio xxxviii.)

merveilleuses que le Dieu toujours puissant daigne communiquer à ses enfants, traite de visions creuses et de songes, toutes ces délicatesses de l'amour divin. L'homme animal, qui ne veut et ne peut entendre les merveilles de Dieu, s'en scandalise. Ces admirables opérations du Saint-Esprit dans les âmes, ces bienheureuses communications et cette douce familiarité de la sagesse éternelle qui fait ses délices de converser avec les hommes, sont un secret inconnu dont chacun veut raisonner à sa fantaisie (1). S'il en est ainsi, c'est parce que, ne voyant que la créature faible agissante sans Dieu, on ne veut pas considérer Dieu agissant dans la créature et toujours pour sa gloire. Le vrai chrétien agit avec plus de prudence et plus de sûreté. Comme il sait reconnaître que Dieu puissant hier, l'est encore aujourd'hui et le sera toujours, il aime à dire avec saint François de Sales, dans son traité de l'amour de Dieu, chapitre XII : « Mon âme ne trouve rien de mal « aisé à croire parmi les effets du divin amour. »

Le transport de Marie Magdeleine d'Aix à la Sainte-Baume, par le ministère des anges, est assurément assez merveilleux pour exciter nos cœurs à l'amour et à la reconnaissance envers un Maître si bon, si généreux, qui sait opérer ces actes magnifiques avec tant de facilité ; ce n'est cepen-

(1) Bossuet, inst. post.

dant que le commencement des faveurs que l'illustre pénitente va recevoir dans sa profonde solitude. Comme la vive flamme d'amour qui la consumera sur son roc aride et désert, sera de plus en plus ardente, le divin Sauveur aussi toujours admirable dans ses saints, trouvera sa gloire en multipliant pour son humble et fidèle servante ses dons et ses bienfaits.

CHAPITRE XIV.

OCCUPATION SAINTE DE MARIE MAGDELEINE DANS LA SOLITUDE DE LA SAINTE-BAUME.
ELLE EST TRANSPORTÉE TOUS LES JOURS SEPT FOIS PAR LES ANGES AU SOMMET DE LA MONTAGNE.
ELLE EST NOURRIE, PENDANT TRENTE-TROIS ANS, D'ALIMENTS CÉLESTES.

Magdeleine, transportée par les anges, est enfin dans sa retraite de la Sainte-Baume. Ce calme, cet exil du cœur, cette solitude profonde, qui séparent la bienheureuse de tout objet créé, la rapprochent de son Dieu et lui permettent de s'occuper seulement de son amour, vont l'aider admirablement à préparer un règne dans son cœur à celui qui daigne la combler de ses dons et la fortifier au milieu des combats divers et continuels qu'elle aura à soutenir.

« Lorsque l'âme, dit saint Jean de la Croix
« (cant. 1er), est étroitement unie à Dieu et trans-

« formée en lui par l'amour divin, il lui sem-
« ble qu'un fleuve de cette eau de vie dont Jésus-
« Christ parle dans le saint Évangile, coule de
« son sein ; qu'elle est infiniment élevée au-
« dessus d'elle-même et des créatures ; qu'elle
« est enrichie de vertus et de dons extraordi-
« naires ; qu'elle est si proche de la béatitude
« éternelle, qu'il n'y a qu'un voile très-fin et
« très-léger qui en fait la séparation. Elle consi-
« dère encore qu'une très-pure flamme d'amour
« la brûle et la nourrit de ces délices infinies qui
« font goûter par avance la félicité des bienheu-
« reux, de sorte qu'elle est en quelque façon
« revêtue de leur gloire et absorbée dans les tor-
« rents de leurs plaisirs éternels. Dans ces trans-
« ports et dans ces désirs empressés, elle con-
« jure le Saint-Esprit de la dépouiller de cette
« vie et de la revêtir de toute la gloire qu'il a
« dessein de lui donner. »

Telle était la vie de l'illustre pénitente dans sa retraite à la Sainte-Baume. Elle mourait pour ainsi dire de langueur d'être obligée de vivre au milieu des nuages de son exil où la présence de son céleste époux, qu'elle aimait de l'ardeur des séraphins, lui était cachée. Elle s'en plaignait tendrement à lui et désirait ardemment cette mort qui ne devait cependant la délivrer qu'après trente-trois années passées dans sa grotte, dans une alternative incessante de chastes délices et de pénitences extraordinaires. Comme il n'y avait pas plus de vide dans son temps que dans son cœur, elle passait toutes ses heures à méditer les vérités éternelles, à goûter combien il est doux d'être oublié des créatures et de satisfaire à la justice de Dieu. Toute absorbée dans le divin amour, elle ne voyait que lui, n'agissait qu'avec lui et pour lui. C'était dans ces transports divins qui la consumaient et la nourrissaient en même temps de ces délices infinies, qu'elle éprouvait par avance combien grande est la félicité des bienheureux. Les anges du ciel, témoins des séraphiques ardeurs de cet ange terrestre, venaient sept fois par jour la transporter de sa grotte au sommet de la montagne. Pendant ces célestes ravissements, Magdeleine recevait les plus ineffables consolations, et son visage alors paraissait si rayonnant, que l'éclat qu'il répandait surpassait celui du soleil (1). Nous voyons ce fait miraculeux des assomptions journalières de Magdeleine au sommet de la montagne, admis dès les premiers siècles. Les actes les plus anciens, que l'on croit être des extraits de ceux composés par saint Maximin, citent les paroles mêmes de sainte Magde-

---

(1) Ità vultus electæ Dei, continuâ et diuturnâ visione angelorum radiabat, ut faciliùs solis radios quàm ipsius faciem quis intueri posset. (Brev. com.)

leine, qui raconte ainsi cette précieuse faveur :
« les anges venaient dans ma grotte et m'élevaient
« sept fois par jour au couronnement de mon
« rocher. J'avais le bonheur d'entendre leur mélo-
« die céleste et les actions de grâces qu'ils adres-
« saient au Roi éternel qui était leur félicité.
« Après ces moments de délices, les anges me
« transportaient de nouveau dans ma grotte (1). »
Elle voulut encore révéler cette faveur à sainte
Cathérine de Sienne, comme on le voit dans la
vie de cette sainte, livr. 3, ch. VIII : « Souvent
« Marie Magdeleine conversait seule avec Cathé-
« rine, s'entretenant des ravissements qu'elle
« avait sept fois par jour dans le désert. »

Plusieurs Églises ont relaté ce fait dans leurs liturgies et surtout l'Église romaine qui, dans sa légende du 29 juillet, s'exprime ainsi : « Magdeleine vécut pendant trente ans dans une caverne très-vaste, et pendant ce temps, chaque jour, elle était enlevée dans les airs par les anges pour entendre les célestes concerts. » Des saints aussi,

(1) De loco isto, id est de Balmâ, angelicis evecta manibus, usquè adeò in sublimi ætheris sum provecta fastigio, ut cœlestis militiæ concentus suavissimos et bonorum spirituum dulcissimam jubilationem, qui regis æterni laudes concrepant. Septennis vicibus, per singulos dies, corporeis auribus audire et talibus satiata deliciis, per eorumdem angelorum ministerium in istum sum revecta locellum. (Verba Mag. in act. ant. relata.)

pour l'édification des fidèles et la gloire de celui qui daigne honorer ses amis avec tant de prédilection, ont rendu témoignage de ce fait. Saint François de Sales, dans son traité de l'amour de Dieu, liv. 7-11, admet ce prodige et le raconte en ces termes : « sainte Magdeleine, ayant, l'espace de trente ans, demeuré en la grotte que l'on voit en Provence, ravie tous les jours sept fois et élevée en l'air par les anges comme pour aller chanter les sept heures canoniques en leur chœur. » Saint Vincent Ferrier, après avoir raconté que Magdeleine se livrait sur son rocher à de pieuses et profondes méditations sur les opprobres qu'avait endurés le divin Sauveur dans sa passion, ajoute : « les anges venaient alors, et après l'avoir élevée en l'air, ils la remettaient de nouveau sur son rocher (1).

(1) Cùm ipsa, Magdalena, surgebat de rupe... contemplando in suo spiritu cogitans... de Christi opprobriis in passione, tunc descendebant angeli et elevabant ipsam in aëra... et quandò tenebant ipsam in altum, remittebant eam ibidem. (St Vincent Ferrier.)

NOTE. Pour perpétuer le souvenir des assomptions journalières de notre Sainte, nos pères ont élevé deux monuments qui méritent une attention particulière. Ce sont les deux saints Pilons placés, l'un à un quart de lieue de Saint-Maximin et l'autre sur le sommet de la montagne, à l'endroit même où les anges faisaient entendre leur ravissante mélodie. On peut voir la description de ces deux monuments au chapitre XXXII.

Si Magdeleine a manifesté toute la vivacité de son tendre et chaste amour envers Jésus, lorsqu'elle pleurait à ses pieds, les arrosait de ses larmes, lorsqu'elle cherchait avec tant d'anxiété son cher trésor dans le jardin ; il est manifeste, par toutes les faveurs que Jésus lui donne, qu'elle a commencé, pendant sa vie même, à recevoir la récompense méritée par la générosité de tous ses actes, en attendant que dans le ciel, elle célèbre la gloire de son maître, non plus sept fois par jour, comme sur la montagne, mais une seule fois qui sera sans fin.

Ici se présente une question que l'on s'adresse habituellement et qui mérite quelque attention. De quoi, se demande-t-on, se nourrissait Magdeleine dans son désert ? Divers auteurs, fondés seulement sur la nécessité où sont les hommes de prendre ordinairement des aliments pour sustenter leur existence, ont écrit, sans citer aucun témoignage de la tradition, que Magdeleine se nourrissait de racines ou autres herbes qui croissent très-abondantes dans la forêt ou dans la vaste plaine qui est au-dessous de la sainte Grotte. Il fallait donc, d'après cette opinion, que notre Sainte, vivant inconnue dans sa solitude, quittât de temps en temps son roc et descendît dans la forêt ou dans la plaine pour recueillir ses aliments, car ces racines ou autres herbes ne croissaient pas dans la grotte ni sur les rochers arides qui l'environnent. Quel moyen pouvait prendre alors Magdeleine pour descendre de cette grotte où les anges avaient dû la transporter, comme une faveur sans doute, mais aussi parce qu'il était impossible d'y arriver autrement à cause de la grande élévation de cet antre qui est à deux mille huit cents pieds du sol, de la structure du rocher qui est perpendiculaire et comme taillé à pic, et de l'absence de tout sentier qui put y conduire. Magdeleine, ne pouvant donc quitter sa grotte pour aller chercher ailleurs les racines qui devaient la nourrir, n'aurait pas vécu certainement longtemps dans sa solitude; elle n'y aurait pas passé trente-trois ans, si elle avait été seule dans sa retraite, livrée à ses propres forces, délaissée par la divine Providence, parce que c'est à condition que l'homme usera du pain ou d'autres aliments que Dieu veut ordinairement nous conserver la vie. Mais l'illustre pénitente n'était pas seule : celui qui ne délaisse jamais ses enfants orphelins, surtout lorsqu'il les appelle à la pénitence, les dirige même pour son amour dans une solitude profonde et les rend dignes de ses suavités divines; celui qui par une parole peut changer les pierres en pain et faire jaillir une source d'eau vive d'un rocher aride jusqu'alors; celui-là était avec Magdeleine, et il était assez puissant pour l'assister, la conserver conformément aux vues humaines ou bien par des moyens tout opposés.

Une tradition constante, soutenue et transmise par le témoignage des saints, nous assure que Dieu, dont la puissance est toujours essentiellement infinie et efficace, a bien voulu prendre dans ses trésors inépuisables des moyens pour conserver Magdeleine pendant trente-trois ans, dans son désert, et la nourrir, non avec des racines et des herbes, mais avec des aliments célestes.

Dans un écrit du cinquième siècle, on lit ces paroles remarquables (1) : « Magdeleine se transporta par l'ordre du Seigneur dans un lieu qui lui avait été préparé par la main des anges, et y demeura l'espace de trente ans, *nourrie seulement d'aliments célestes* (2). » La croyance des premiers siècles était donc que Magdeleine avait tellement fait des progrès dans le divin amour, que celui qui aime tant à couronner ses propres dons en couronnant les vertus de ses saints, lui avait accordé la faveur éminente de vivre pendant les années de sa retraite à la Sainte-

---

(1) Fragment des actes recueillis par le saint pontife Maximin.

(2) Magdalena, monente Domino, ad eremum asperrimam se contulit, in loco angelicis sibi manibus præparato, et per triginta annorum curricula omnibus hominibus incognita, et *cœlestibus tantùm refecta fomentis*, in salvatoris sui laudibus et orationibus, permansit. (In act. ant.)

Baume, nourrie seulement d'aliments célestes. Les siècles qui ont suivi ont eu la même croyance. Les saints, qui connaissaient bien les doux transports d'un cœur dévoué au divin amour et qui pouvaient suivre les saintes ardeurs de celui de Magdeleine, ont annoncé hautement le fait miraculeux de la conservation de notre Sainte sans le secours d'aliments terrestres. Saint Vincent Ferrier, après avoir écrit que les anges avaient transporté Magdeleine d'Aix à la Sainte-Baume, assure qu'elle demeura plus de trente-deux ans dans ce désert, *sans rien manger;* et si vous me demandez, dit-il, de quoi vivait Magdeleine? Je vous répondrai que sa nourriture était une nourriture céleste (1). Diverses Églises et en particulier celle de Meaux, ont inséré dans leur légende ce fait miraculeux. Magdeleine, dit cette Église, en entendant les célestes concerts des anges, était tellement rassasiée, qu'elle n'avait besoin d'aucune autre nourriture corporelle (2).

Ce sont ces divers témoignages et surtout la

(1) Statim angeli venerunt et portaverunt ipsam (Magdalenam) de Aquis usquè ad Balmam... et ibi stetit ultrà triginta duos annos quod *nihil comedit*. Si dicatur : de quo ergò vivebat Magdalena? dico quòd de *cibo cœlesti*. Nàm septem horis canonicis scilicet in matutinis... angeli veniebant et in quâlibet horâ cantantes vocibus corporalibus elevabant eam. (St Vincent Ferrier.)

(2) Magdalena, cœlestes concentus audiens, in tantùm reficiebatur quòd nullo cibo corporali ampliùs indigeret. (In brev. meld.)

considération profonde et recueillie de l'opération de la grâce dans le cœur séraphique de Magdeleine, ainsi que la constante docilité de notre Sainte aux prédilections du Seigneur, qui ont fait dire au savant et pieux M. Olier ces paroles remarquables : « Jésus-Christ traite Magdeleine, dès « cette terre, comme il traite les bienheureux « dans le ciel, qu'il nourrit et rassasie immé- « diatement, se les appropriant parfaitement « selon son état divin, et leur fournissant par lui- « même tout ce qu'ils eussent pu recevoir par « le secours des créatures destinées à l'entretien « et à l'aliment des hommes. » Le témoignage du père de Condren sur la conservation miraculeuse de Magdeleine dans son désert, est aussi explicite que celui des siècles passés et des saints. Ce père, considérant notre Sainte dans son amour immense pour son Dieu, et appropriée selon l'état divin, croit qu'elle n'avait besoin ni d'aliments terrestres, ni même de la sainte communion. « Magdeleine, dit-il, vivant, à la Sainte-Baume, de la vie des saints, n'avait pas besoin de communier, non plus que les saints qui sont retirés dans l'état de gloire. Aussi ne reçoit-elle la communion sacramentelle, en toute sa vie de trente ans dans sa grotte, qu'une seule fois à sa mort, pour montrer qu'elle est de l'Église militante (1). »

(1) M. Faillon, *mon. inéd.* — 11.

C'est ainsi que le Dieu, toujours bon, veut manifester sa puissance à Magdeleine encore sur la terre, lui faire connaître comment vivent les saints dans le ciel et la faire vivre elle-même comme un ange. Il veut aussi, pour sa gloire et notre bonheur, que la faveur miraculeuse accordée à notre Sainte n'ait pas été et ne soit pas une faveur unique.

Le saint législateur des Hébreux, Moyse, a vécu aussi, sans aliments terrestres, pendant quarante jours sur le Sinaï, lorsqu'il était en présence de son Dieu.

Les Hébreux, dans le désert, ont reçu pendant quarante ans l'aliment du ciel, confectionné par la main des anges. Ce n'était pas la roche du désert qui produisait la manne ! C'était celui qui avait dit que l'homme ne vit pas seulement de pain, mais de toute parole qui sort de la bouche de Dieu ; celui qui trouve dans sa toute-puissance du pain pour nourrir ordinairement ses enfants et les conserver, mais qui trouve aussi, dans ses trésors, bien d'autres moyens, au-dessus de l'intelligence humaine, pour les nourrir et les conserver mieux et plus longtemps que ne fait le pain ou toute autre nourriture terrestre.

Saint Nicolas de Flue, pendant les vingt ans de sa vie dans le désert, passa souvent des mois et plusieurs mois entiers sans boire ni manger, ne recevant que la sainte et adorable Eucharistie. Son évêque, instruit de l'état surnaturel de Nicolas, lui ordonna, pour éprouver son obéissance et son humilité, de prendre sa nourriture. A peine l'homme de Dieu eut-il, par obéissance, essayé de prendre quelque aliment terrestre, qu'il ne put le conserver ni même achever d'exécuter ce qui lui était commandé. Les efforts qu'il fit pour obéir lui firent éprouver une douleur si violente qu'on eût dit qu'il allait rendre son âme à son Créateur (1).

Sainte Cathérine de Sienne passait quelquefois des mois entiers sans prendre aucune nourriture, soutenue seulement par le pain des anges. Le père Raymond lui ayant ordonné d'édulcorer l'eau avec du sucre, à cause de la faiblesse de son estomac, la sainte s'y opposa en disant : « vous « voulez, si je ne me trompe, m'ôter le peu de « vie qui me reste. » Le bienheureux Étienne Maconni, de Sienne, lui dit un jour : « aimable mère, je vois bien que vous ne recevez que peu ou point de nourriture des aliments que vous prenez, puisque vous les rejetez sur le champ et avec

---

(1) Nicolaüs... in eremum secessit, ubi propè viginti annos inusitatâ vitæ asperitate traduxit... eisdem annis sinè *corporali cibo* potu que vitam egit, solo sanctissimo Christi corpore quot mensibus saltem semel refectus. (In brev. rom. 22 mart.)

beaucoup de peine, que je croirais, si j'ose le dire, qu'il vaudrait mieux pour vous n'en point prendre du tout. » Cathérine lui répondit : « j'ai
« de bonnes raisons pour me mettre à table ; par
« cette manière de vivre je fais mes efforts pour
« me proportionner à la faiblesse de ceux qui se
« scandalisaient, en voyant que je ne mangeais
« pas ; ensuite je trouve dans cette conduite un
« grand avantage, c'est qu'étant presque toujours
« dérobée à mes sens, cette peine me rappelle
« à moi-même, et sans cela, mon corps devien-
« drait insensible. » De ces paroles on peut aisément conclure que Cathérine, malgré diverses infirmités et de grands travaux, vécut par miracle pendant plusieurs années. Notre Seigneur Jésus-Christ lui apparut un jour et lui dit : « Cathérine,
« je donne au corps humain une telle disposi-
« tion qu'il se nourrit mieux avec des herbes et
« quelques fois sans aliments, qu'avec le pain
« ou d'autre nourriture appropriée à la vie de
« l'homme (1). »

Le corps de la bienheureuse Magdeleine, dans son désert de la Baume, avait certainement reçu de Notre Seigneur cette disposition : qu'il se nourrissait mieux sans aliment qu'avec le pain ou d'autres nourritures.

(1) Vie de sainte Cathérine de Sienne, chap. VIII.

« Comme c'est Dieu, dit saint Jean de la Croix,
« qui agit, et que comme Dieu, il répand ses
« biens avec un amour inconcevable et une bonté
« infinie, nous ne devons pas être étonnés qu'il
« accorde des grâces si extraordinaires à une âme
« qu'il veut combler de délices toutes divines.
« Notre Seigneur n'a-t-il pas dit à celui qui l'ai-
« merait, que le Père, le Fils et le Saint-Esprit
« viendraient chez lui et qu'ils feraient leur de-
« meure en lui, c'est-à-dire que les trois person-
« nes de l'adorable Trinité la feraient vivre en
« elles d'une vie toute divine ? »

N'imposons pas des limites à la toute-puissance de Dieu. Estimons-nous heureux de pouvoir l'adorer et adorons-la..!

CHAPITRE XV.

PÉNITENCE DE MARIE MAGDELEINE A LA SAINTE-BAUME.
DESCRIPTION DE LA SAINTE GROTTE DANS SON
ÉTAT PRIMITIF.

Après l'exposé de tant de suaves consolations, le fidèle, qui considère Magdeleine dans sa grotte, vivant comme vivent les saints dans l'état de gloire, nourrie seulement d'aliments célestes,

8.

transportée par les anges sept fois par jour au sommet de la montagne pour entendre leur sublime mélodie, croira peut-être que l'état de notre Sainte n'est jamais obscurci par le moindre nuage et ne saurait être contrarié par aucune amertume. Il n'en est pas ainsi ; car Magdeleine, quoique comblée de faveurs divines, vit encore sur la terre, et, comme fille de l'Église militante, elle doit, comme sa mère, combattre toujours et ne pas se reposer avant l'heure. Ce n'est qu'au delà de la tombe, que le vrai fidèle délaisse ses armes et s'occupe uniquement à goûter cette félicité ravissante qui ne finira plus pour lui. « Sur
« notre terre d'exil, quand notre Seigneur, dit
« sainte Thérèse, fait de si grandes grâces à
« certaines âmes, il ne faut pas s'imaginer que
« son dessein soit seulement de leur donner en
« ce monde de la consolation et de la joie ; ce
« serait une erreur, puisque la faveur la plus
« signalée que Dieu puisse faire à la créature
« est de rendre notre vie conforme à celle que
« son Fils a passée lorsqu'il était sur la terre ;
« et je tiens pour certain qu'il ne nous départ les
« faveurs que pour fortifier notre faiblesse afin
« de nous rendre capables de souffrir pour son
« amour. Il n'en faut point d'autre preuve que de
« voir que ceux que Jésus-Christ a le plus aimés,
« qui étaient sans doute sa glorieuse mère et ses

« apôtres, ont été ceux qui ont souffert davantage.
« Car qui doute qu'une âme, qui, par une union
« si sublime de son esprit avec celui de Dieu,
« est une même chose avec lui qui est la vérita-
« ble force, n'en acquière une nouvelle incom-
« parablement plus forte et plus grande que celle
« qu'elle avait auparavant. Ainsi tant que ces
« personnes que Dieu élève à un état si sublime
« vivent en ce monde, elles endurent toujours
« d'extrêmes travaux, parce que leur force inté-
« rieure est si grande, que, quelque guerre
« qu'elles fassent à leur corps, ce qu'elles souf-
« frent leur paraît si peu considérable lorsqu'elles
« pensent à ce qu'a souffert leur époux, qu'elles
« auraient honte de s'en plaindre (1). »

Ces paroles de la séraphique Thérèse, nous révélant la force qu'opère dans une âme cette union intime de l'esprit de la créature avec celui de Dieu, qui est la souveraine force, nous font comprendre la sainte audace de ces âmes privilégiées qui soupirent sans cesse après de grands travaux pour la gloire de leur maître, les soutiennent avec courage et fidélité jusqu'à ce qu'elles soient parvenues dans leur véritable patrie. Magdeleine était une de ces âmes fortes qui ne savent et ne veulent jamais dire, c'est assez, lorsqu'elles

---

(1) Sainte Thérèse, château de l'âme, (7me dem. ch. 4.)

ont à soutenir ces heureux combats qui les crucifient. Il suffirait donc de savoir que l'amour de Magdeleine pour son Dieu a été immense, et que les faveurs qu'elle a reçues de lui ont été très-grandes aussi, pour être assuré suffisamment que toute sa vie, dans le désert, a été une suite non interrompue de sacrifices et d'immolations.

Suivons cependant cette sainte victime sous le pressoir, bénissant à tout instant la main paternelle qui la purifie.

Vivant inconnue dans son antre (1), Magdeleine ne fut jamais aperçue dans les saintes angoisses de sa purification. Le Dieu bon, qui voulait se préparer un sanctuaire dans ce cœur, ne permit jamais que l'œil humain pût apercevoir cette âme constamment dans le creuset, ni les célestes débats entre la miséricorde du Seigneur qui élevait notre Sainte, encore sur la terre, à l'état des bienheureux dans le ciel, et la justice divine, à côté de la miséricorde, ne cessant de réclamer une juste réparation de ses droits oubliés. Les anges seuls, qui devaient être témoins des saintes rigueurs que Magdeleine exerçait contre elle-même, ne devaient pas nous donner connaissance des gouttes de sang que la pénitence de la Sainte faisait répandre sur le roc, ni des tor-

---

(1) Magdalena, incognita permansit. (ant. act.)

rents de larmes qui découlaient des yeux de la Bienheureuse. Puisque le divin Sauveur le veut ainsi ; que les anges recueillent donc ces agréables parfums et s'empressent, sans les montrer à la terre, de les déposer dans le ciel sur l'autel de l'Agneau !

S'il ne nous est pas donné cependant de pénétrer dans la sainte Grotte, de compter les nombreux soupirs que notre Sainte poussait vers le ciel, de voir quelles étaient les diverses formes de pénitence dont elle se servait pour mâter son corps et le réduire en servitude, d'assister aux saints débats de cette heureuse victime immolée au bon plaisir de Dieu seul, nous pouvons du moins considérer sa grotte solitaire, qui, en nous conviant au respect, à la pénitence et au recueillement, paraît encore nous dire : ce n'est pas sans des sacrifices bien pénibles que l'on passe trente-trois ans dans ces lieux !

Cette grotte, dont la vaste enceinte est de vingt-huit mètres en longueur, de vingt-six en largeur et de huit en hauteur, vous étonne par la religieuse et sainte horreur qu'elle inspire. Son ouverture, grande, oblongue et très-inégale, ne donne qu'un demi-jour, parce que sa position au nord et son enfoncement profond ne permettent pas aux rayons du soleil de la visiter, si ce n'est pendant quelques heures en été. Pendant toute l'année, l'eau suinte du rocher en divers endroits et produit une humidité constante qui vous pénètre jusqu'au cœur. A peine pourrait-on y rester une heure, surtout dans la saison rigoureuse, sans éprouver un malaise universel. Le rocher, appelé la Sainte-Pénitence, parce que c'était là que la Bienheureuse vaquait plus particulièrement à l'oraison et aux larmes, est le seul lieu un peu moins humide, à raison de son élévation à deux ou trois mètres au-dessus du niveau du sol de la grotte. Si les gouttes d'eau ne vous attaquent pas sur ce bloc de granit, le froid et l'humidité vous invitent bientôt à quitter ces lieux. Le silence profond qui règne dans cette retraite, est seulement interrompu par le bruit léger des gouttes d'eau qui se détachent du rocher, et tombent régulièrement et à courts intervalles de divers endroits, sur le sol et surtout dans le bassin naturel qui est au fond de l'antre. Quand on est seul en ces lieux, ce léger bruit confondu avec le souvenir de la Pénitente, excite si vivement l'âme à la componction et au recueillement, que la piété populaire, qui a souvent ressenti ces douces émotions, et qui sait que Magdeleine a beaucoup pleuré dans cet antre, a donné à ces gouttes d'eau le nom si expressif de larmes de Magdeleine.

C'est dans cette retraite que notre Sainte doit méditer, pendant trente-trois ans, ses années éternelles, crucifier sa chair et soutenir même avec joie tous ces divers combats toujours si pénibles à la nature. Notre divin Sauveur qui la console quelquefois par ses visites et par celles de ses anges, veut aussi qu'elle éprouve les aspérités de la douleur et la force des épreuves. Magdeleine doit donc souffrir et combattre. Ainsi lorsque son corps exténué de mortifications réclame un adoucissement, si toutefois son grand désir de la souffrance pouvait y consentir, elle doit le lui donner chaque fois sur ce roc humecté par ses larmes ; il n'y a pas autre chose dans sa grotte. Ces nuits que la nature a, ce semble, destinées au soulagement du corps, comment va-t-elle les passer ? Dans les veilles, sans doute, et la prière. Peut-on les passer autrement quand on veut souffrir, et que d'ailleurs tous les éléments concourent ensemble à éloigner le repos ! Il faut que solitaire, silencieuse, elle subisse, pendant ces longues années, dans le temps des frimats, l'intempérie des saisons, sans pouvoir se procurer le moindre soulagement. Elle ne voulait pas de satisfaction, elle n'en cherchait pas ; mais l'aurait-elle voulu, sa volonté eut été impuissante dans un désert aussi solitaire, dans une grotte inaccessible, où elle n'avait à sa disposition qu'un silence profond et continuel, l'humidité de sa retraite, son rocher, les frimats et tout ce qui contrarie notre nature et la crucifie. Au milieu de tant de sujets de pénitence qui étaient selon ses désirs, lors même qu'elle ne pouvait pas les éloigner, Magdeleine conservait la paix de son âme. Ce qui la soutenait, c'étaient la joie de considérer son cœur sous le pressoir par amour pour celui qui est tout, et l'espérance d'avoir bientôt pour récompense ce divin Sauveur qui la voyait combattre et lui donnait la force de triompher.

Si les anges, témoins des diverses circonstances des longs combats de notre Sainte, ont dû les déposer au ciel, sainte Marguerite de Cortonne du moins, qui connut par révélation la durée et la grandeur de la pénitence de Magdeleine dans l'antre du désert, a pu nous en révéler le secret. Nous lisons dans la vie de cette sainte, 22 février, que Marguerite, ravie en extase, vit la bienheureuse Marie Magdeleine, dans le ciel, revêtue d'un manteau d'argent, la tête ceinte d'un diadème garni de pierres précieuses, et beaucoup d'anges qui l'entouraient. Marguerite, étonnée de voir le brillant éclat des ornements de Magdeleine, entendit Notre Seigneur Jésus-Christ qui lui dit :
« comme mon Père a dit à Jean-Baptiste, en
« parlant de moi, voilà mon fils bien-aimé : je
« dis de même de Magdeleine : voilà ma fille
« bien-aimée ; et pour que vous ne soyez pas
« étonnée de l'éclat du vêtement qu'elle porte,

« je veux que vous sachiez qu'elle l'a gagné dans
« l'antre du désert, ainsi que la couronne enri-
« chie de pierres précieuses que vous voyez
« briller sur sa tête ; ce sont les prix de sa
« pénitence et des victoires qu'elle a remportées
« sur ses tentations (1). »

Oh! si Magdeleine a beaucoup péché, jeune encore, elle ne tarda pas à se donner sans réserve au divin amour, et, dans son antre au désert, elle ne discontinue pas un instant d'aimer et de souffrir beaucoup.

Laissons maintenant cette fidèle amante dans le creuset qui la purifie...! En attendant que le divin Ouvrier achève de la polir et la revête, après trente-trois années d'épreuves et de combats, de cette beauté qui ne se flétrira plus dans l'assemblée des saints, disons quelques paroles sur sainte

---

(1) Post hæc, anima Margaritæ in excessu levata mentis, vidit beatissimam Christi apostolam Magdalenam in vestitu deargentato, ferentem coronam intextam de lapidibus pretiosis et eam beatos angelos circumdantes; in quâ visione audivit Christum dicentem sibi : sicut Pater meus dixit Joanni Baptistæ de me : hic est filius meus dilectus; sic dico quod hæc est filia mea dilecta ; et quia miraris de ipsius tam fulgido vestimento, scias quòd ipsum lucrata est in *antro deserti*, in quo etiam coronam, quam vides de lapidibus pretiosis, in victoriis suarum tentationum quas, in illà pœnitentiâ, passa est, meruit obtinere. (In vita sanctæ Marg.)

Marthe qui, comme sa sœur Magdeleine, combat aussi les combats du Seigneur sur les bords du Rhône, et parfume ces contrées de l'odeur de ses vertus.

CHAPITRE XVI.

SAINTE MARTHE AUX ENVIRONS DU RHÔNE.
SON OCCUPATION. SA PÉNITENCE.
ELLE FAIT SALUER SA SŒUR MAGDELEINE.

Pendant que Magdeleine passait ses années dans l'antre de la pénitence, s'immolant tous les jours en présence de son Dieu et pour son Dieu, Marthe, sa sœur, évangélisait les villes d'Avignon, d'Arles, les bourgs et les villages aux environs du Rhône. Pleine de zèle pour le salut des âmes, elle se livrait à la vie active, annonçait à ces populations la voie véritable du bonheur, leur racontait les œuvres admirables du Sauveur, ses prédications, ses courses dans la Judée, ses douleurs, sa mort, sa résurrection et les grands prodiges qui s'opérèrent alors. Sa parole onctueuse, animée par un amour ardent et une foi vive, lui attirait la bienveillance de ceux qui l'écoutaient, pénétrait dans les cœurs et éclairait les esprits. Ces âmes, devenues dociles à la grâce, se plaisaient à connaître le vrai sentier qui conduit au ciel. Comme elle avait reçu le don des miracles, elle guérissait des malades, ressuscitait des morts et opérait beaucoup d'autres œuvres extraordinaires (1). Aussi, tous les jours, il y avait des conversions, et bientôt ces peuples, jadis dans les ténèbres, connurent et aimèrent celui qui est la voie, la vérité et la vie. C'est dans ces circonstances et pendant ces prédications, que Marthe montra à ces peuples consternés ce que peut un cœur qui vit de la foi, et puise sa force non ici-bas, mais dans le ciel. Dieu, pour disposer ces cœurs à recevoir la divine semence et montrer aussi la force qui réside dans l'âme du juste, permit un événement extraordinaire qui jeta l'épouvante dans ces contrées. Un dragon d'une forme horrible et d'une férocité qui le poussait à dévorer les hommes, promenait partout ses ravages et répandait la consternation. Les hommes avaient inutilement essayé d'abattre ce monstre et de détruire son souffle empoisonné qui, non satisfait de nuire, donnait, dit-on, même la mort (2). Tous les efforts humains devenant impuissants, chacun dut prendre les précautions les plus actives pour éviter sa rencontre et se

(1) Rab. Ma...
(2) Dans Rab. Maur. — *Mon. inéd.*

soustraire à sa férocité. L'effroi fut bientôt universel. Marthe, qui le savait, ouvre aussitôt son cœur à l'amour de ses frères, met sa confiance en celui qui est toute sa force, et s'avance avec foi, mais sans crainte, de la retraite du monstre. Par un signe de croix, elle dompte sa férocité, l'empêche de nuire et en délivre le pays.

C'était dans ces contrées de prédilection, que Dieu voulait que sa servante répandît le parfum de ses vertus. Marthe, qui n'avait d'autres désirs que d'accomplir en toutes choses cette volonté sainte de son Sauveur, fixa sa demeure pendant quelques années dans ce désert, sans discontinuer de donner l'exemple de la fidélité à la grâce et de travailler à la propagation du règne de Dieu dans les âmes. Elle eut soin de faire construire un oratoire qui existe encore aujourd'hui à Tarascon, où l'on vénère le tombeau et les saintes reliques de la servante de Dieu. C'était dans ce sanctuaire qu'elle consacrait à l'oraison, avec un recueillement angélique, tous les instants qu'elle n'employait pas à l'exercice de la charité envers ses frères. Si elle interrompait ce saint exercice de la contemplation, c'était toujours pour instruire les nouveaux convertis, soutenir les faibles, visiter les malades, ou répandre le baume vivifiant sur les plaies que le péché faisait aux âmes et sur les maux qui affligeaient les corps. Toute occupée de l'affaire si essentielle de son salut et de celui de tant d'âmes qui ne connaissaient pas l'auteur de tous les dons ou ne le connaissaient qu'imparfaitement, elle négligeait souvent le soin de son corps. Quand, pour satisfaire aux lois ordinaires de la nature qui veulent que l'homme prenne des aliments pour la conservation de sa vie, elle devait se soumettre à ces lois, c'étaient les racines des champs et les fruits des arbres qui composaient toute sa nourriture. Oh! que son attrait pour la pénitence était grand! Que l'amour de cette vertu avait pénétré bien avant dans son cœur! Elle trouvait sa consolation dans les mortifications les plus sensibles et tout ce qui crucifie le plus douloureusement la nature. Un sac simple et grossier, un cilice et une ceinture de crins de cheval, toute garnie de nœuds, étaient le seul vêtement dont elle se servait dans toutes les saisons de l'année. Elle montrait ainsi par cet extérieur pauvre et modeste, qu'elle n'aspirait pas à participer aux joies fugitives de la terre, mais à celles que le divin Sauveur réserve dans le ciel à ses enfants qui savent souffrir pour son amour. Quoiqu'elle fût vigilante à cacher ses austérités, elle ne réussissait pas toujours ; car il n'était pas rare, lorsqu'elle passait, nus-pieds, à travers les villes et les champs, de trouver le lieu qui lui donnait asile, en comptant sur l'empreinte délaissée par ses pas, les gouttes de sang qui découlaient de ses pieds meurtris. Lorsque son corps épuisé par la fatigue, réclamait quelques instants de repos, si nécessaires à notre nature, c'était sur des branches d'arbres ou des sarments sur lesquels elle étendait une couverture, qu'elle le lui donnait. Toute cette vie angélique et pénitente de la servante de Dieu, nous dit bien haut que Marthe savait que le royaume du ciel souffre violence et qu'il n'y a que ceux qui suivent cette voie qui peuvent y parvenir.

Bientôt le parfum des célestes vertus de Marthe se répandant au loin, attirait dans ces contrées de nombreux visiteurs, parmi lesquels se trouvaient des personnages illustres par leur science et leur piété, qui venaient admirer l'œuvre de Dieu, fortifier leurs saintes résolutions et s'humilier en présence des faits admirables qu'opère une âme vivant de foi et d'amour. Saint Maximin, évêque d'Aix, le digne protecteur de Magdeleine et le directeur de sa très-belle vie, quitta pour quelque temps sa ville épiscopale et vint à Tarascon visiter la servante de Dieu et considérer les beaux et rapides progrès de la propagation de l'Évangile. Marthe reçut le saint Pontife avec une joie véritable et sainte, avec une émotion sensible qu'elle laissait apercevoir à chaque parole qu'elle prononçait, car la présence du Pontife réveillait en elle des souvenirs bien consolants et lui donnaît la douce espérance d'apprendre quelques détails sur l'état de sa chère Magdeleine.

Pendant ces conversations qui étaient toutes pour Dieu, Marthe interrogeait le saint évêque sur le lieu de la retraite de sa sœur, sur sa manière de vivre, ses joies, ses amertumes. Les moindres circonstances racontées par saint Maximin, excitaient dans le cœur de Marthe les sentiments de reconnaissance envers ce Dieu toujours bon qui ne délaisse jamais ses enfants. Quelque intéressantes et saintes cependant que fussent ces conversations, il fallut enfin se séparer, et c'est alors que Marthe dit au saint Pontife : « sa-« luez ma sœur Magdeleine et dites-lui qu'elle « vienne me visiter avant ma mort. » Le désir de Marthe était difficile à accomplir, parce que Magdeleine vivant inconnue dans son désert, ne devait entendre que des voix célestes pendant les trente-trois années de vie érémitique. La sainte Grotte aussi devait, seulement alors qu'elle serait solitaire, recevoir la visite des hommes pieux, qui offriraient leurs prières à Dieu, en présence du rocher de la pénitence. Cependant il plut au Seigneur que le désir de Marthe parvînt à la connaissance de Magdeleine, qui l'apprit de saint Maximin très-probablement d'une manière surnaturelle. Ce fut une douce consolation, pour la bienheureuse Pénitente, d'accepter les saluts de sa sœur et de satisfaire à son désir. Magdeleine promit d'aller visiter Marthe, mais cette heureuse et sainte visite ne devait avoir lieu qu'après sa mort (1).

CHAPITRE XVII.

LES ANGES TRANSPORTENT MARIE MAGDELEINE DE LA SAINTE GROTTE A UN DEMI-KILOMÈTRE DE L'ABBAYE DE SAINT-MAXIMIN.
DIVERSES CIRCONSTANCES MIRACULEUSES.
MORT DE SAINTE MARIE MAGDELEINE.

La sainte Grotte qui avait si souvent répété les célestes soupirs de l'illustre Pénitente, allait devenir bientôt plus silencieuse, et ce roc arrosé de tant de larmes ne devait pas être aussi le témoin de la glorieuse délivrance de Magdeleine. C'était à l'abbaye de Saint-Maximin que cette fidèle amante devait trouver le dernier grain de terre qui la soutiendrait et le tombeau qui recèlerait son précieux corps.

Cependant les trente-trois années, qui furent pour Magdeleine des années de rigoureuse pénitence, alimentées par ces suavités célestes qui

(1) Dans Rab. Maur. — *Mon. inéd.*

MARIE MAGDELEINE EN PRIÈRE
à la Sainte Baume a le bonheur de voir
Notre Seigneur Jésus-Christ.

ravissent l'âme et la soutiennent au milieu des combats, touchaient à leur fin. Déjà le cœur de notre Pénitente, dont les battements avaient été comptés, se hâtait d'atteindre le dernier. Magdeleine, immobile sur son roc, attendait, avec cette joie pure qui est le partage des saints, le moment de sa délivrance qui devait la fixer pour toujours dans la possession de son trésor ; mais avant la fin de ces heures d'angoisse et de saints désirs, une circonstance heureuse, qui n'a rien de comparable sur la terre, devait procurer à la Bienheureuse une consolation ineffable. L'antre obscur de la pénitence est soudain illuminé par une vive clarté céleste. Quel bonheur ! En ce moment, le Saint des Saints, Notre Seigneur Jésus-Christ, daigne abaisser les cieux et vient dans la sainte Grotte, entouré d'une multitude innombrable d'anges, visiter la bienheureuse Pénitente et la combler de ses dons (1). Magdeleine, dans l'extase du divin amour, se prosterne et adore en silence celui qui, dans les cieux, est la félicité des anges et des saints. En vain une langue humaine essayerait-elle de raconter les divines communi-

---

(1) Appropinquante tandem tempore, quo ejus sanctissima anima carnis ergastulo solveretur... vidit Christum Jesum, cum multitudine angelorum, ad cœlestis regni gloriam, piè et misericorditer ad se vocantem. (Extr. des act. de saint Maximin, dans Rab. M.)

cations et les secrets profonds qui furent révélés à notre Sainte ! Une langue angélique même le pourrait-elle !

Dès-lors Magdeleine, inondée de suavités célestes, oubliait plus qu'auparavant qu'elle était en exil encore, et ne pensait qu'aux cieux. Ah ! que ses désirs de la possession de la béatitude éternelle étaient ardents ! Qu'ils étaient longs ces instants qui la retenaient, dans sa grotte, accoudée sur son roc !

Pendant que Magdeleine goûtait avec calme et soumission les premières joies de la félicité que le divin Sauveur réserve à ses élus, et pressentait la fin prochaine de son exil et la plénitude du don qu'elle allait recevoir, les anges, toujours soumis aux ordres du Tout-Puissant, se présentent à la Bienheureuse, dans sa grotte, avec une joie toute céleste. « Magdeleine, lui disent-ils, l'heure
« de la délivrance est arrivée : ce n'est plus dans
« la grotte ou sur le couronnement du rocher que
« vous célébrerez désormais vos concerts avec
« nous ; c'est au ciel ! Quittez votre retraite, c'est
« la volonté du divin époux. » A l'instant ces sublimes intelligences élèvent Magdeleine dans les airs et la transportent en triomphe de la Baume à un demi-kilomètre de l'abbaye de Saint-Maximin, à l'endroit même où nos pères ont élevé, en souvenir de ce miraculeux événement, la colonne en

pierre, surmontée d'un groupe représentant Marie Magdeleine transportée par les anges (1).

Dès que la mission des anges est terminée, Magdeleine, munie des précieuses reliques qu'elle avait pieusement ramassées au pied de la croix du Sauveur (2), se dirige silencieuse, toute occupée de son bonheur, vers le lieu qui lui avait été désigné. Ses yeux auparavant remplis de larmes, deviennent lucides, ses traits s'illuminent, une grave et douce animation la vivifie. Elle a sur son visage quelque chose d'éthéré qui s'enfuit de la terre; quelque chose qui surpasse la région des sens émane de son âme.

Si ces reflets des élus brillent dans Magdeleine, c'est qu'elle va recevoir le plus grand de tous les dons, le pain des anges dans la sainte communion, obtenir sa délivrance et s'envoler aux cieux.

---

(1) Die autem obitûs sui imminente, ab angelis in ecclesiam urbis deportata fuit. (In act. ant. — *Mon. inéd.*)

Illùc per angelicum ministerium subvecta. — (Verba Mag. in act. ant.)

(2) D'après Nicéphore Callixte, Marie Magdeleine portait toujours avec elle les saintes reliques qu'elle avait prises sur le Calvaire.

Rem mirabilem *secum* deferebat B. M. Magdalena, lapidem scilicet rubrum...

Le père Priérat ajoute : quem in parasceve B. Magdalena *sub cruce collegit*.

Quel moment de consolation et de bonheur pour les fidèles de nos contrées, lorsqu'ils virent cette illustre solitaire qui, pendant trente-trois ans, conversant avec les anges, n'avait plus, depuis sa retraite à la Sainte-Baume, entendu une voix humaine ! Avec quelle attention durent-ils admirer son silence, sa modestie, sa ferveur angélique !

Cependant Magdeleine arrive seule à l'oratoire que saint Maximin avait fait construire à son abbaye, se tient immobile en face du saint autel et attend l'accomplissement des dispositions de la divine Providence. Le saint pontife Maximin, qui avait connu, à Aix, par le ministère des anges, le transport miraculeux de l'illustre Pénitente, de la Sainte-Baume à son abbaye, les grandes merveilles qui allaient s'opérer, reçut en même temps l'ordre de se rendre à son abbaye et d'entrer seul dans son oratoire, où il trouverait Magdeleine répandant avec effusion son âme devant Dieu (1).

Docile à la voix du ciel, le saint pontife Maximin quitte sa ville épiscopale et vient, d'après l'ordre du Seigneur, dans son abbaye, aujourd'hui ville de Saint-Maximin. A peine arrivé sur le seuil de l'édifice sacré, il aperçoit, au milieu

---

(1) Maximinus, oratorium, quod ipse construxit, solus ingrediatur, et in laudibus salvatoris mei, illuc per angelicum ministerium subvecta, inveniet persistentem. (Verb. Mag. in act. ant.)

du chœur, la bienheureuse Magdeleine, les bras étendus, le corps élevé en l'air, répandant une clarté plus belle que celle du soleil, et les anges, qui l'entouraient, brillants aussi de l'éclat des cieux (1).

Le Pontife, pénétré du respect le plus profond, immobile sur la première dalle, n'eût jamais peut-être osé la franchir, si les anges n'eussent aussitôt voilé leur indicible beauté, et si la bienheureuse Magdeleine, se détournant légèrement, ne lui eût dit avec douceur : « ô mon père, approchez de votre servante, venez voir la splendeur dont le Dieu de bonté veut bien m'environner. » C'est alors que saint Maximin, plein d'émotion, de respect et d'attendrissement, pénètre dans le saint lieu, contemple cet ange du désert et adore le Dieu puissant et saint dans le triomphe de ses serviteurs. La Bienheureuse, après avoir fait au Pontife la confidence des faveurs qu'elle a si souvent reçues dans sa grotte du désert, de ses

(1) Beatus Maximinus oratorium suum solus ingreditur et prospexit B. M. Magdalenam in choro stantem, eorum qui adduxerant, angelorum, tanto splendore circumdatam, ut totum oratorium superna lux illustraret.

Cùm vir Dei propiùs accedere trepidaret, vidit chorum angelorum abscedere et solam dominam in medio stantem, elevatam à terrâ in aëra, expansis manibus, orare.

Tùm beata famula Christi, leniter conversa, dixit ad eum : accede propiùs, Pater, ne fugias famulam tuam et intuere quantam circà me Deus ostendit claritatem suam. (In act. ant. passim.)

épreuves et de sa pénitence, le prie de convoquer son clergé et sollicite, avec une humilité profonde et un amour angélique, l'unique objet de ses désirs, le bonheur de recevoir, dans la sainte communion, son divin Sauveur, parce que l'heure de la fin de son exil va bientôt arriver.

Pendant que le saint Pontife offre le très-saint sacrifice et que Magdeleine se dispose, avec une ferveur indicible, à recevoir son trésor, les assistants, pénétrés d'admiration, unissent leurs larmes d'attendrissement et de joie aux larmes d'amour et de bonheur que répand Magdeleine.

Enfin l'heureux moment arrive... le saint Pontife tient dans ses mains le pain des Anges, le Saint des Saints... il approche, et Magdeleine a le bonheur ineffable de posséder véritablement le corps, le sang, l'âme et la divinité de Notre Seigneur Jésus-Christ (1).

Maintenant que le Créateur a daigné s'abaisser jusqu'à sa créature, reposer sur les lèvres de la Bienheureuse, descendre et habiter dans son cœur, qui pourrait décrire les trésors infinis de grâces

(1) Beata Magdalena, corpus et sanguinem salvatoris sui à beato antistite porrectum, cum maximâ lacrymarum inundatione, suscepit. (In act. ant. — *Mon. inéd.*)

Le père de Condrem dit que Marie Magdeleine ne communia pas pendant tout le temps qu'elle resta à la Sainte-Baume parce qu'elle y vivait de la vie des saints. Elle communia seulement avant sa mort, pour montrer qu'elle était de l'Église militante. (Père de Cond. — *Mon. inéd.*)

que la charité d'un Dieu réunit en elle avec tant de profusion? L'esprit humain pourrait-il jamais comprendre ces merveilles, et la langue angélique pourrait-elle jamais les raconter dignement?

Magdeleine voit en elle comme un ciel nouveau, embelli de tous les dons de la grâce, où Dieu même daigne se plaire...! son âme est le tabernacle de la divinité, brillante de sa lumière, vivante de sa vie...! la Bienheureuse apprend de Jésus même à ne vivre plus que pour lui, et la divine majesté, dans le plus sublime entretien, l'élève dans un océan de lumière, de gloire et de bonheur.

La flamme divine qui brûle dans le cœur de Magdeleine met toute son âme en feu; mais le pauvre corps de la Pénitente pâlit en présence de ces faveurs inénarrables, il frissonne... il tombe en défaillance... les anges, qui ne cessaient d'entourer Magdeleine, accourent aussitôt et se plaisent à soutenir ce corps qui succombe. Enfin, cette sainte victime, immolée par l'amour divin, se prosterne devant le saint autel, rend le dernier soupir, et son âme s'envole dans les cieux pour régner avec le divin Sauveur toujours, toujours (1).

Cette précieuse mort de sainte Marie Magdeleine arriva le onze avant les kalendes d'août (le 22 juillet).

(1) Deindè, toto corpusculo, antè altaris crepidinem, prostrata, sanctissima illa anima migravit ad dominum. Transiit undecimo kalendas augusti, lætantibus ange-

CHAPITRE XVIII.

SAINTE MARTHE VOIT LES ANGES QUI PORTAIENT AU CIEL L'AME DE SA SOEUR.
MAGDELEINE APPARAÎT A SA SOEUR MARTHE.

Le corps de sainte Magdeleine reposait inanimé sur les froides dalles du temple, et l'étonnement des fidèles, témoins des dernières heures d'une mort si précieuse, se manifestait encore par un silence profond et plein de respect, lorsque déjà les saints anges avaient quitté le lieu de la délivrance, élevant, avec eux dans les cieux, l'âme de la Bienheureuse. Pendant que ces esprits célestes célébraient par leur douce mélodie la gloire de Magdeleine et manifestaient leur joie de la voir associée à leur bonheur, Marthe, qu'une fièvre lente retenait comme paralytique depuis un an,

---

lis, cohæres effecta cœlestium virtutum ; quoniam digna effecta est claritatis gloriâ perfrui. (In act. ant.)

Note. L'on peut voir la reproduction de l'antique tradition sur les diverses circonstances merveilleuses qui précédèrent la mort de sainte Marie Magdeleine, sur le beau médaillon qui est placé, en entrant à droite, dans le sanctuaire de l'église de Saint-Maximin.

n'interrompait jamais, sur son lit de douleur, les saintes communications qu'elle avait avec son Dieu. La souffrance brisait son corps, hâtait sa délivrance, sans lui ôter la sérénité de l'âme et cette joie sainte qu'elle goûtait, fruit précieux de sa soumission à l'adorable volonté de son divin Sauveur. Cette vie d'abnégation entière, cette union si intime avec Dieu, qui doit être si magnifiquement récompensée au delà de la tombe, lui procura une douce consolation qui lui fut agréable parce que son Maître le voulait ainsi. Comme elle était dans la ferveur de sa prière, elle vit les cieux s'ouvrir, dit saint Vincent Ferrier, et les anges qui transportaient l'âme de sa sœur Magdeleine dans cette félicité qui ne finira jamais (1).

Marthe eût bien voulu en ce moment suivre sa sœur et quitter pour toujours cette vallée de larmes, triste terre d'exil, mais l'heure de sa délivrance, quoique très-rapprochée, n'était pas arrivée encore. Elle dut se contenter de voir le triomphe de la Bienheureuse, modérer ses désirs, en attendant l'appel de celui qui devait être sa récompense.

Si ces considérations furent assez puissantes pour rendre sa voix silencieuse, elles ne le furent

---

(1) Martha vidit cœlos apertos et multitudinem angelorum, animam B. M. Magdalenæ sororis suæ secùm portantem. (St Vincent Ferrier.)

pas assez pour modérer les saintes agitations de son cœur, qui depuis paraissait s'élancer avec plus d'ardeur vers les demeures éternelles. Après cette vision qui remplit la servante de Dieu d'une consolation si intérieure, il n'était plus possible à Marthe de penser à autre chose qu'à la félicité éternelle et à l'heureux moment qui devait la mettre en possession de la souveraine bonté. Les sept jours qu'elle avait encore à passer sur cette terre ingrate, lui parurent d'une longueur extrême. Rien ne plaisait à ce cœur profondément blessé par le divin amour, si ce n'est la pensée du souverain bien. Aussi paraissait-elle déjà avoir son âme au ciel et son corps dans le tombeau. Son recueillement et sa prière étaient si perpétuels, sa résignation dans les souffrances était si calme, qu'on eût dit que c'était un ange revêtu de notre humanité, qui reposait sur les branches d'arbres, attendant qu'un autre ange vint lui donner le signal de la délivrance.

Cependant sainte Magdeleine, assise sur son trône de gloire dans le ciel, obtint de son divin époux la faveur d'être fidèle à la promesse faite à Marthe, sa sœur. Aussitôt les cieux paraissent s'abaisser, et notre Bienheureuse, revêtue de la splendeur des saints, descend avec majesté sur la terre d'exil. Avant de se présenter à la modeste demeure de Marthe, elle allume le flambeau qu'elle tient à la main, non au foyer d'ici-bas qui ne donne qu'une lumière faible et vacillante, mais à celui de l'éternité. En un instant, son éclat éblouissant, reflet de la gloire des saints, illumine l'humble couche sur laquelle repose sa sœur.

Quel heureux moment pour Marthe lorsqu'elle vit la bienheureuse Magdeleine et qu'elle entendit cette voix céleste qui lui disait : « Marthe, ma « sœur, je vous salue. Je viens maintenant ac- « complir la promesse que je vous ai faite, quand « j'étais encore dans mon antre du désert. Les « liens qui vous retiennent captive, vont être bri- « sés ; courage, bientôt le ciel sera votre récom- « pense, comme il est maintenant la mienne. » Après ces mots, Magdeleine s'incline et adore...! Marthe est dans le ravissement...! Elles ont en leur présence le divin Sauveur qui se manifeste et vient annoncer à Marthe la fin prochaine de son exil.

Quand la vision eut disparu, Marthe, inondée du divin amour, redoubla les saintes rigueurs de sa pénitence, et comme si la pauvre couche, sur laquelle elle reposait, était encore trop délicate, elle fit étendre sur la terre un rude cilice sur lequel était tracé, avec de la cendre, le signe de notre rédemption. Elle voulut attendre sur ce lit de mortification et de pénitence l'heureux instant qui dissiperait le nuage qui la privait de la possession de son trésor. Pour conserver, à cette heure suprême surtout, le souvenir de Jésus souffrant, elle fit placer, en sa présence, l'image du Sauveur attaché à la croix. Dès-lors elle ne cessa, jusqu'à son dernier soupir, d'avoir les yeux fixés sur cet objet si puissant à nous faire comprendre l'amour infini d'un Dieu pour les hommes. Ses considérations étaient si continuelles et si ardentes, qu'on eût dit que son cœur se brisait au souvenir des humiliations et des souffrances de son bon Maître. La douleur qu'elle en ressentit fut si grande, que, lorsqu'elle fut arrivée, en méditant les diverses circonstances de la passion, à l'instant où Notre Seigneur Jésus-Christ remet son âme à son Père et meurt, Marthe pousse elle-même un cri et rend son âme à son Créateur, le 29 juillet, sept jours après la mort de sa sœur, sainte Marie Magdeleine (1).

(1) *Mon. inéd.* — Dans Raban Maur.

DEUXIÈME PARTIE.

HISTOIRE

1° DU CULTE DES RELIQUES DE SAINTE MAGDELEINE, DEPUIS LES ANCIENS TEMPS JUSQU'A NOS JOURS.
2° DES DIVERSES CONGRÉGATIONS RELIGIEUSES QUI ONT ÉTÉ LES GARDIENNES DES SAINTES RELIQUES,
A SAINT-MAXIMIN,
ET DU LIEU DE LA PÉNITENCE, A LA SAINTE-BAUME.

CHAPITRE XIX.

DÉVOTION DU SAINT PONTIFE MAXIMIN ET DES PREMIERS CHRÉTIENS DANS LES GAULES, ENVERS SAINTE MARIE MAGDELEINE.

Pendant que les bienheureux célébraient au ciel le triomphe de Magdeleine, le divin Sauveur faisait éclater sur la terre, par des prodiges divers, les sublimes vertus de sa servante et montrait à l'univers combien sa mort était précieuse devant lui.

Une odeur suave, qui surpassait tous les parfums terrestres, s'exhalait du corps de la Sainte et se communiquait à tous les objets qui le touchaient (1). Ce fait miraculeux et permanent, joint aux diverses circonstances si intéressantes qui précédèrent la mort de la Bienheureuse, attendrissait les cœurs et les disposait à aimer cette bonté souveraine qui récompense si magnifiquement ses serviteurs.

Au milieu des fidèles étonnés et respectueux, qui étaient accourus pour assister à l'auguste cérémonie de la sépulture, apparaît saint Maximin, à qui saint Pierre avait confié Magdeleine. Ce vénérable Pontife avait eu constamment pour notre Sainte une attention toute paternelle. La vive émotion qu'avaient excitée en lui toutes les merveilles dont il avait été témoin, se montrait supérieure à celle de toute l'assemblée. Le zèle et la piété lui firent prendre aussitôt toutes les précautions les plus délicates pour procurer au saint corps les honneurs dus à des vertus si héroïques. Pendant que des mains angéliques préparent les divers aromates nécessaires à l'embaumement du corps et s'occupent à ces pieuses fonctions,

---

(1) Post ejus transitum, tantæ ibi suavitatis odor efferbuit, ut per septem ferè dies sequentes ab ingredientibus oratorium sentiretur. (In act. ant.)

saint Maximin fait confectionner un magnifique tombeau en albâtre pour y déposer les saintes reliques de Magdeleine (1). C'est à l'endroit même où la Bienheureuse rendit le dernier soupir, qu'il fit faire les préparatifs pour placer le beau mausolée, monument toujours subsistant de sa piété et de sa dévotion envers la Sainte. Toutes ces œuvres n'étaient pas suffisantes encore, selon le désir du Pontife. Il voulut aussi, pour procurer la splendeur du culte divin, et pour l'honneur du précieux dépôt qui reposait en ces lieux, que la chapelle de son abbaye, trop modeste et peu spacieuse, fût remplacée par une basilique d'une structure admirable, et qu'auprès du mausolée de la Sainte, placé dans la chapelle souterraine, appelée Sainte-Crypte, fût placé aussi le tombeau qui recevrait sa dépouille mortelle, quand il plairait à Dieu de terminer son exil. Après quarante ans d'un glorieux épiscopat, le saint Pontife mourut le six des Ides de juin, et son corps, selon son pieux désir, fut déposé dans la crypte à côté du tombeau de sainte Magdeleine. Ce grand exemple de dévotion fut imité par des personnages illustres qui tous eussent voulu, pour le même motif, qu'une seule pierre tumulaire, s'il eût été possi-

(1) Ce mausolée existe encore dans la crypte, à Saint-Maximin.

ble, recouvrît leurs dépouilles réunies. Si, de nos jours encore, vous visitez cette chapelle souterraine, à l'aspect des divers tombeaux de sainte Magdeleine, de saint Maximin, des saints Innocents, de saint Sidoine, de sainte Marcelle et d'autres fragments de pierres tumulaires, vous croyez entendre les voix pleines de foi des premiers chrétiens, sollicitant la faveur de reposer, après leur mort, auprès du tombeau de sainte Magdeleine et des saints illustres. Le recueillement et le respect qu'inspire ce saint lieu, ne cessent de vous dire que la vertu d'en haut n'a pas quitté ce caveau si célèbre.

Cependant la parole évangélique se faisait entendre dans tout l'univers, et dès les premiers siècles, les Gaules, cette terre que les armes de César avaient ouverte aux apôtres, virent arriver dans leurs principales cités des messagers de la bonne nouvelle, envoyés par le chef des apôtres, saint Pierre. Ces ouvriers évangéliques, pleins de zèle et de piété, se mettent à l'œuvre et commencent à défricher cette terre qui offrait des obstacles si grands à la réception de la divine semence. Les Gaulois étaient très-attachés à leur faux culte qui mettait l'esprit et le cœur à l'aise, sans pouvoir néanmoins faire des heureux pour toujours, pas même pour les instants bien courts de notre pélerinage. Né de l'imagination, ce culte ne présentait ni mystères à croire, ni préceptes difficiles à observer. Les dieux, qu'il inventait, étaient semblables à l'homme, conformes à ses inclinations, multipliés selon ses besoins. Malgré ces obstacles, ces illustres successeurs des apôtres, n'oubliant jamais que le divin Maître leur avait donné la patience pour armure, sa grâce pour appui et le martyre pour récompense en cette vie, proclament la sainte doctrine avec zèle et persévérance.

Bientôt l'on vit dans les Gaules, comme ailleurs, de nombreux et vrais adorateurs en esprit et en vérité (1). Cette multitude de chrétiens ne tarda pas à connaître les grands événements qui venaient de se passer à Saint-Maximin. Il était difficile qu'il en fût autrement, car dès que les cérémonies de l'embaumement du saint corps de Magdeleine et les autres préparatifs furent terminés, et que la confiance et la joie eurent succédés à l'étonnement qui avait rendu silencieuse la foule attentive, les fidèles, munis de la poussière qui avait touché le saint corps, la conser-

---

(1) Saint Irénée, évêque de Lyon, qui écrivait vers la fin du second siècle, cite la foi et la tradition des églises répandues chez les Germains, les Ibères et les Celtes. L'écrivain Euzèbe, en énumérant les conciles qui furent célébrés pour terminer la question touchant le jour de Pâques, fait mention de celui qui fut tenu dans les Gaules, et fortifie ainsi le témoignage de Saint Irénée.

vèrent comme un souvenir et un gage de protection, et racontèrent en même temps avec édification les diverses circonstances merveilleuses de la Sainte, sa vie pénitente dans le désert de la Baume, les faveurs dont le ciel la combla, sa mort édifiante et les miracles qui se manifestèrent de suite. Comme ces pieux récits devaient être intéressants pour toute la chrétienté, puisqu'ils concernaient la grande amante de Jésus, l'apôtre des apôtres, la compagne de Marie immaculée, et que d'ailleurs ils étaient très-édifiants, ils franchirent bientôt les limites de la Provence et se propagèrent dans les contrées lointaines. L'on vit alors de nombreux fidèles, pleins de confiance et de dévotion envers notre Sainte, accourir de loin, à Saint-Maximin, auprès de la crypte, et solliciter la faveur de voir le saint corps, ou, du moins, de baiser la pierre qui le recouvrait. Dès les premiers temps, le 22 juillet, jour de la bienheureuse mort de sainte Magdeleine, fut célébré peu après ce glorieux événement, dans diverses contrées avec beaucoup de solennité. Cependant ce culte public et majestueux, qui procurait tant de consolations, ne fut pas de longue durée. Des raisons majeures forcèrent bientôt les fidèles qui se pressaient autour du tombeau de la Sainte, à mitiger l'éclat de leur dévotion et de leur piété.

CHAPITRE XX.

LA VIOLENCE DES PERSÉCUTIONS OBLIGE LES FIDÈLES A S'ABSTENIR DE VISITER LES RELIQUES DE SAINTE MAGDELEINE.

A peine y a-t-il trente-trois ans que le Fils de Dieu a rendu son dernier soupir sur le Calvaire, que Néron lance ses édits sanguinaires, renouvelés à de courts intervalles par ses successeurs Domitien et Trajan. Les peuples, soutenus par la haine de ceux qui les dirigeaient, se soulèvent contre les fidèles, et exercent contre eux des persécutions importantes et féroces. Les supplices ordinaires paraissent trop doux contre ceux que l'on regarde comme les ennemis de leurs idoles. On invente ou l'on renouvelle des tourments, qui font frémir, contre ceux qui doivent les subir. L'on ne distingue ni l'âge, ni le rang, ni la condition. Les chrétiens sont battus de verges, déchirés, consumés par le feu, cloués sur des croix. La piété est éteinte dans les cœurs des hommes, et le peuple, qui voit presque toujours avec quelques mouvements de compassion les plus grands criminels dans leurs derniers moments, applaudit aux tourments des chrétiens par des cris d'allégresse. Si du moins ces souffrances de l'Église eussent eu pour terme quelques mois, quelques années ! Pendant plusieurs siècles on a pu suivre la sainte Église à la longue trace du sang versé par ses enfants et à la lueur des bûchers allumés contre elle. Immuable comme Jésus, son divin auteur, contre tant d'ennemis acharnés à la combattre, juifs ou gentils, hérétiques et incrédules, philosophes et bourreaux, elle a résisté à toutes ces férocités et subsistera jusqu'à la fin des siècles, au milieu des débris de l'univers.

Quoique les Gaules ne fussent pas encore témoins de toutes ces horreurs, cependant l'écho de ce qui se passait dans les pays limitrophes, annonçait aux chrétiens de nos contrées la nécessité de la prudence et de la modération dans la splendeur du culte et des pèlerinages, pour ne pas éveiller trop tôt la susceptibilité des gouverneurs des provinces qui ne cherchaient qu'une occasion pour persécuter la nouvelle doctrine. Ces sages précautions rendues nécessaires par les circonstances, forcèrent les pieux pèlerins à accourir moins nombreux auprès du sanctuaire vénéré où reposaient les saintes reliques de Magdeleine. Les fidèles attendirent des temps meilleurs qui leur permissent de manifester leur dévotion, sans crainte de susciter des maux à l'Église et à ses enfants. Ils étaient loin de penser que ces temps meilleurs ne devaient arriver qu'après plusieurs siècles d'atrocités, et alors seulement que les Gaules auraient payé un large tribut de sang à la haine des persécuteurs. Cette ère de destruction et de mort s'ouvrit, pour les Gaules, l'an 174. Marc-Aurèle qui gouvernait alors l'empire, délaisse l'Orient, tourne ses regards vers la Gaule et lui demande du sang. Sa haine farouche, ainsi que celle de ses successeurs Septime Sévère, Maximien le Thrace, Dèce, Valérien, Gallien et Dioclétien, varie les tourments et les propage dans toutes les provinces, afin d'éteindre, s'il est possible, le nom chrétien. Le sang qui coule abondant multiplie les enfants de l'Église, car la mort, ce principe de destruction pour toutes les sociétés humaines, est impuissante contre la société de Dieu. Le sang des fidèles qu'on égorge, est un germe fécond qui en produit un si grand nombre, qu'après trois cents ans de persécutions, de tortures, de cruautés et d'exil, l'on verra les temples payens abandonnés, les sacrifices superstitieux interrompus et la doctrine du Sauveur du monde répandue partout.

Pendant cette longue période de destruction et de mort, les églises furent détruites, les autels renversés, les religieux égorgés. Les fidèles se réfugiaient dans les déserts, errants dans les solitudes, ou cachés dans les catacombes, les précipices et dans les fissures des rochers. Combien, après avoir évité le fer et le feu, périrent de faim, de misère et de fatigue! Fallait-il bien alors s'abstenir de tout culte extérieur et enfouir dans les terres les saintes reliques et les objets précieux, pour ne pas les exposer à la profanation? Le culte de sainte Magdeleine pouvait-il ne pas être interrompu? Les habitants de Saint-Maximin, se conformant aux règles dictées par la prudence, cachèrent avec soin le saint corps de la Bienheureuse, se contentant, pendant cette longue période d'années, de le vénérer en secret et de transmettre d'âge en âge le lieu précis où il reposait. Par cette sage conduite, la profanation n'a pas atteint cet objet précieux, et notre siècle peut encore le contempler avec respect et vénération.

CHAPITRE XXI.

SAINT JEAN CASSIEN ARRIVE EN PROVENCE.
SON ZÈLE POUR VÉNÉRER LA SAINTE-BAUME EST ADMIRABLE.
IL ÉTABLIT DEUX MONASTÈRES DANS LE DÉSERT.

Après trois siècles de férocité, le fer des bourreaux s'émousse, l'idolâtrie s'énerve au milieu des vices et des saturnales, le marbre et le bronze ne sont plus des dieux, et Jésus, le Saint des Saints, le Sauveur du monde, par un genre de triomphe tout nouveau, qui ne convient qu'à lui, se fait de ses ennemis autant d'adorateurs. Avec le quatrième siècle commence une ère nouvelle de prospérité et de paix. Constantin, parvenu à l'empire, trouve le christianisme établi et en situation de faire tous les jours de nouveaux progrès. Sous ce prince chrétien, la croix, proscrite depuis si longtemps, sort radieuse des catacombes et vient se placer sur le front des princes chrétiens.

Ce fut dans ces circonstances que Dieu voulut, pour une fin digne de lui, que la Sainte-Baume et le sanctuaire où reposait le corps de sainte Magdeleine, fussent entourés d'une vénération publique et solennelle. Il se servit des heureuses dispositions d'un saint homme, appelé Jean Cassien, natif de la petite Scythie, faisant alors partie de la Thrace. Fidèle à la voix du ciel, Cassien quitte son pays, se rend, en 405, à Constantinople, est ordonné diacre et dirige bientôt ses pas vers les contrées de l'Occident, où il devait être un modèle des contemplatifs et un des pères de la vie cénobitique. Ordonné prêtre, il se fixe à Marseille, fonde, dans cette ville, deux monastères, l'un pour les hommes et l'autre pour les femmes, ne négligeant rien pour introduire dans ces deux communautés une régularité parfaite. Souvent, dans son monastère à Marseille, il entendit le récit émouvant de la vie angélique de sainte Magdeleine à la Baume. Son cœur ému ne put résister à l'attrait de visiter ces saints lieux et de laisser une larme dans cette solitude où la Sainte en avait répandu si abondamment. Dès qu'il fut arrivé près du sanctuaire, le silence profond qui règne autour de la grotte, la vue de cette forêt sombre et mystérieuse qui dispose si puissamment l'âme au recueillement et à la vie intérieure, le souvenir de la Pénitente et des faveurs qu'elle avait reçues, le déterminèrent à choisir une retraite dans ce lieu de prédilection. Il eût bien voulu se fixer dans la grotte même des pleurs, recueillir quelque soupir, découvrir sur le roc quelques larmes, ou du moins l'empreinte des pas de Magdeleine ; mais ce lieu était encore innaccessible. Les nombreux visiteurs, avant le saint abbé, purent seulement pénétrer dans la forêt, toucher par dévotion la base du roc, contempler l'orifice et la majestueuse élévation de la sainte grotte. Pendant longtemps, ils se crurent heureux, ne pouvant posséder davantage, d'avoir l'herbe du pré pour se mettre à genoux, et la sévère et large ouverture de l'antre pour envoyer un soupir à ce roc empreint des larmes de la Pénitente. Les siècles de sang, de persécution et d'exil qui finissaient à peine, n'avaient pas permis aux chrétiens de se réunir et de tracer un étroit sentier qui exigeait beaucoup de temps et d'assiduité (1). Quoiqu'il en soit, le saint abbé construisit sa cellule à six kilomètres et à l'orient de la Sainte-Baume, dans une position solitaire, affreuse, d'un accès très-difficile, embellie néanmoins par une source d'eau très-limpide, ombragée par des touffes d'arbres qui rendent l'aspect de ces lieux un peu moins sévère. Il venait, toutes les années, passer le temps du carême dans sa solitude, et goûter, au milieu de ce silence mystérieux et profond, des délices ineffables. Pour propager la dévotion envers sainte Magdeleine parmi ses religieux, il fit construire

(1) Le silence des monuments anciens sur l'origine du sentier qui conduit à la grotte, les malheurs des temps antérieurs au séjour des cénobites dans le désert, le site, assez éloigné de l'antre, que choisit le saint abbé pour y construire sa cellule et un monastère pour ses religieux, l'ordre qu'il donna à ses enfants, lorsque la communauté fut plus nombreuse, d'aller habiter la grotte même des pleurs, paraissent être des raisons suffisantes pour admettre l'opinion que les religieux cassianites ont été les premiers à tracer le sentier qui existe, et sont entrés les premiers aussi dans la sainte grotte de Magdeleine. Si le saint abbé eût placé ses religieux dans un site éloigné de la Baume, seulement pour qu'ils fussent dans une solitude plus profonde, pourquoi leur aurait-il ordonné plus tard de quitter leur retraite et d'aller habiter un rocher où ils devaient être exposés si souvent à interrompre leur contemplation ?

près de sa cellule un monastère assez vaste où ses enfants, appelés de Marseille, participeraient aux joies de sa retraite et seraient, par leur fidélité à la règle et leur prière assidue, l'ornement de ce désert et de la Sainte-Baume. Dès que la communauté devint plus nombreuse, le saint abbé voulut réaliser son pieux désir de pénétrer dans la grotte et d'y établir ses religieux, afin qu'en présence des saints combats de Magdeleine, ils eussent un aliment continuel pour leur zèle et leur piété. Les plus grandes difficultés n'abattent pas le courage de ces hommes de foi. Ces heureux cénobites savent en effet que l'homme aidé par la grâce, et surtout l'homme religieux, qui ne se propose dans son œuvre que la gloire de Dieu, ne travaille pas seul. Ils élèvent, à la base du rocher, des murs, des arceaux, et, par des travaux assidus et pénibles, ils obtiennent l'étroit sentier qui conduit à la grotte de la sainte Pénitente. Le saint abbé, satisfait de cet heureux résultat, fit construire des cellules dans le creux même du rocher, à l'entrée de la partie inférieure, et voulut que ses religieux se fixassent en cet endroit. Cependant la grande humidité, qui existe, toute l'année, dans cette cavité profonde, l'absence complète du moindre rayon du soleil, forcèrent bientôt ces bons religieux, quoique habitués à une pénitence sévère, à quitter cette retraite et à se construire, hors de la grotte et sur le bord même du rocher, des cellules et plus aérées et plus saines. Les fidèles qui visitaient par dévotion la sainte grotte, trouvaient auprès de ces heureux contemplatifs, les soins les plus assidus pour leur âme, et dans l'hospice, construit à peu de distance des cellules des religieux, ils trouvaient aussi tout ce qui était nécessaire pour la nourriture et le logement. Pendant plusieurs siècles, les cassianites furent l'ornement du saint rocher ainsi que des modèles de la vie pénitente et contemplative. Ils quittèrent enfin ce lieu en 1295, lorsque le souverain pontife Boniface VIII substitua à l'ordre de Cassien, celui de saint Dominique, devenu célèbre dans l'Église par sa science et sa piété.

Le second monastère que fonda le saint abbé Cassien dans le désert de la Baume, fut pour les religieuses qui devaient suivre son institut. Des ruines qui apparaissent encore au-dessous du pic des Béguines (1), dans un endroit assez solitaire, désignent la place qu'il occupait. Le saint homme, en disséminant ainsi, autour de la sainte grotte, ces anges de la terre occupés à la pénitence et à la contemplation, voulait conserver à ce beau désert cet aspect religieux qui lui fut imprimé

(1) Ce pic est à 3624 pieds au-dessus du niveau de la mer.

par la présence de Magdeleine, et perpétuer les admirables concerts que les anges célestes faisaient entendre avec la Sainte sur le sommet de la montagne. Pendant plus de trois siècles, ces pieuses cénobites surent trouver dans cette solitude la paix de leur âme par la pratique régulière des prescriptions les plus rigoureuses. Elles supportèrent l'isolement de leur retraite, le froid intense et quelquefois la disette avec une constance rare, ne croyant jamais avoir assez fait pour le service du Seigneur et pour la dévotion qu'elles avaient envers sainte Magdeleine. Pendant leur séjour dans le désert, elles contribuèrent à faire construire, au huitième siècle, l'église du Plan-d'Aups (1), au hameau de Saint-Jaume, à côté de leur aumônerie qui se trouvait aussi au même endroit. Les visiteurs de la Sainte-Baume, qui devaient passer par ce chemin, puisqu'il n'y en avait pas d'autre alors, trouvaient en même temps, dans le hameau, les soins nécessaires à l'âme et au corps. Cependant la crainte des barbares, qui ravageaient en ce temps la Provence, détermina ces bonnes religieuses à quitter la retraite de la Baume pour se retirer à Restonis, terroir où est aujourd'hui Saint-Zacharie, petite ville agréablement

(1) Cette église subsiste encore, au hameau de Saint-Jaume, Plan-d'Aups.

située sur les bords de l'Huveaune et à peu de distance de la Sainte-Baume. Dès leur arrivée sur cette magnifique et fertile vallée, elles firent construire le monastère qui subsiste encore aujourd'hui à Saint-Zacharie. Ce monument d'une architecture très-simple n'offre rien de distingué sous le rapport de l'art. L'église des religieuses, placée en face du monastère, fut détruite, peu d'années après son érection, par les Sarrasins qui désolaient nos villes et nos monuments. D'après les anciens cartulaires, un saint prêtre nommé Bernard, aidé par quelques-uns de ses frères ou religieux, réédifia, en 1035, l'église en ruine et la mit sous l'invocation de saint Zacharie, saint Jean-Baptiste et sainte Élisabeth. Monseigneur Pons, évêque de Marseille, fit les cérémonies de la consécration et agréa en même temps les bonnes intentions de Rajambaud, archevêque d'Arles, et de ses frères Boson et Boniface qui, par acte du mois de janvier 1035, donnèrent à cette église, qui est aujourd'hui l'église paroissiale de Saint-Zacharie, la terre où elle venait d'être bâtie et celle qui s'étendait depuis l'Huveaune jusqu'à la montagne de Saint-Clair et le ruisseau de Savard.

La beauté du site occupé par le monastère, l'air salubre qu'on y respire, les eaux abondantes qui arrosent et fertilisent presque tout le terroir, et surtout l'instruction soignée, les beaux exempies donnés par les bonnes religieuses, procurèrent à Saint-Zacharie une rapide extension. Les habitants d'Orgnon et de la Canorgue, petits bourgs, à deux kilomètres du monastère, demandèrent, en 1428, leur réunion avec les habitants de Saint-Zacharie et l'obtinrent en 1471. Les religieuses ont subsisté, en faisant du bien, jusqu'en 1792, toujours sous la dépendance de l'abbaye de Cassien, uni à l'institut de saint Benoit. A cette époque de désolation, quand elles durent forcément quitter leur monastère, elles n'ont pas cessé, jusqu'à la dernière, de répandre des bienfaits et l'exemple de la piété.

La dévotion du saint abbé Cassien envers sainte Magdeleine ne devait pas se borner à peupler ce désert de pieux cénobites. L'illustre contemplatif savait que, si les objets qui ont été à l'usage des saints ainsi que les lieux qui leur ont servi de retraite, excitent à la piété, les saintes reliques de ces amis de Dieu nous excitent bien plus encore à l'amour, à la componction et à la pénitence. Ce fut pour cette raison que, dès qu'il eut achevé de consolider son œuvre dans le désert, il dirigea son cœur et ses soins vers le lieu où repose le corps de notre Sainte. Il voulut que ses religieux l'aidassent à construire un monastère, à Saint-Maximin, auprès de la sainte crypte, pour que son ordre contribua à la splendeur du culte divin et propagea la dévotion envers la bienheureuse Pénitente.

C'est ainsi qu'en consacrant à Dieu une vie passée dans les mortifications et les bonnes œuvres, le saint abbé Cassien mourut en odeur de sainteté, l'an 433, laissant à la Provence des monuments de sa vénération envers sainte Marie Magdeleine.

CHAPITRE XXII.

LES RELIGIEUX CASSIANITES FONDENT UN MONASTÈRE DE LEUR ORDRE A SAINT-MAXIMIN.
ILS SONT FORCÉS, A CAUSE DE L'IRRUPTION DES SARRASINS EN PROVENCE, DE CACHER LES RELIQUES DE SAINTE MAGDELEINE DONT ILS ÉTAIENT LES GARDIENS.

Le peuple de Saint-Maximin, toujours si dévoué à sainte Magdeleine, reçut, avec un étonnement mêlé de respect, les cénobites du désert, qui devaient être dans leur cité des modèles de pénitence et de charité. Dès leur arrivée dans cette ville privilégiée, les cassianites veulent élever auprès de la crypte, ce monastère qui allait être l'asile de ceux qui étaient préposés à la garde des saintes reliques (1). Cette œuvre, qui exigeait tant de soins et de dépenses n'était pas la seule à laquelle devaient s'occuper ces bons religieux ; car la règle de saint Cassien voulait encore que chaque abbaye de son institut eût une maison, appelée aumônerie, destinée à recevoir et assister les pauvres, les malades et les pélerins (2). Les divers détails que donne cette règle sur la manière d'accueillir ceux qui avaient recours à leur charité, et sur les qualités que devaient avoir les frères chargés de ce soin, indiquent assez l'importance qu'attachait le saint fondateur à l'érection de ce monument. Les indigents et les malades surtout devaient être reçus avec un cœur compatissant et avec beaucoup de charité. Les plus infirmes avaient droit aux aliments les plus légers et les plus délicats. S'il arrivait que quelqu'un, par timidité, n'osât pas prendre sa nourriture en commun, on devait le servir séparément, afin que, sous quelque prétexte que ce soit, on ne laissât jamais passer une occasion d'exercer la charité. A l'époque des fêtes ou d'autres circonstances, lorsque les visiteurs arrivaient très-nombreux, la règle

(1) Gallia christ. t. 1.
(2) Ad eleemosinarii officium pertinet, terras et vineas et nutrituras... manutenere. (In ord. St Vict.)

voulait que les frères supportassent, avec résignation et par amour pour Dieu, les dérangements si fréquents dans ces occasions, et quelquefois même les impolitesses de ceux qui ne considèrent pas, comme ils doivent l'être, les choses saintes et les ordres religieux. C'est pour ces raisons que l'abbé du monastère devait choisir, pour la fonction d'aumônier, ceux qui étaient plus particulièrement pieux et d'un caractère doux (1).

Pour que ces religieux pussent observer toutes les prescriptions de la règle, soulager tant de misères, exercer la charité habituelle envers des visiteurs si nombreux, construire le monastère, l'aumônerie, il fallait des sommes que la pauvreté des cassianites ne pouvait pas fournir en ce moment. La charité des chrétiens fervents et surtout ceux de Saint-Maximin, offrit plus qu'il n'en fallait pour couvrir toutes ces dépenses. Les chartes nombreuses, dont quelques-unes subsistent encore, signalent, en faveur de l'œuvre, une longue série de donations en biens-fonds, dont les revenus devaient être employés à accomplir les prescriptions de la règle de saint Cassien. Dès que le monastère fut terminé ainsi que ses dépendances, les reli-

(1) Ad eleemosynam faciendam eligi debet unus de fratribus, pius et mansuetus, ut per pietatem compati sciat indigentibus et per mansuetudinem possit etiam importunitatem petentium tolerare. (Cass. illus.)

gieux prirent possession aussitôt, afin de pouvoir accomplir leur sainte règle dans toute sa sévérité. Ce fut aussi le désir des fidèles qui attendaient de cette nouvelle fondation les secours les plus abondants pour le soin des âmes comme aussi pour les affaires temporelles. L'extérieur de ces religieux était simple et modeste ; un capuchon couvrait leur tête et une corde serrait leur tunique à la ceinture : tout en eux était pauvre et mortifié. Dans le cloître comme au réfectoire, tout était en commun. C'étaient eux qui exerçaient les fonctions curiales pour les besoins spirituels des habitants de Saint-Maximin (1). Leur prière était continuelle dans le cloître ou auprès de la sainte crypte. Le grand désir de Macaire, premier abbé cassianite du monastère, honoré comme saint dans l'église d'Aix, était de voir ses religieux travailler à acquérir cette simplicité de cœur sans laquelle personne ne peut voir Dieu dans sa gloire, ni jouir de sa présence par la grâce dans cette vie.

Pendant plus de deux siècles, la facilité des secours que l'on trouvait dans ces saintes maisons, la vie régulière des cassianites, leur assiduité auprès de la crypte et la splendeur dont ils entouraient les fonctions saintes, étaient les moyens dont Dieu se servait pour procurer la

(1) *Mon. inéd.* — Faillon.

paix aux âmes et propager la célébrité de l'illustre patronne de la Provence.

Cependant ces jours de consolation et de bonheur pour notre contrée, ne devaient pas avoir une durée plus longue. Dieu permit alors, dans ses desseins impénétrables, que les reliques de sainte Magdeleine ne fussent pas honorées par un culte aussi solennel, pendant longtemps ; il permit même qu'elles fussent dans l'oubli. Le huitième siècle commençait, et déjà l'on avait entendu le cri du sang et de la destruction poussé par les barbares du fond de l'Afrique. L'Espagne voyait ses temples détruits, ses précieuses reliques profanées, ses religieux égorgés ou mis en fuite. Les Sarrasins féroces et sanguinaires, toujours avides d'horreurs, frémissaient de ne pouvoir encore porter la destruction et la mort dans nos belles contrées. A l'approche des barbares, les religieux cassianites, moins occupés du soin de leur propre vie que du dépôt confié à leur garde, se disposèrent à le soustraire à leur fureur et prirent des précautions pour qu'il fût transmis intact à la vénération des siècles futurs. Ils retirèrent les saintes reliques de Magdeleine du sépulcre d'albâtre et les déposèrent dans celui de saint Sidoine, qui était alors enfoui dans la terre. Ils firent cette opération secrètement, pendant la nuit, et prirent, pour ne pas donner connaissance de leur pieuse précaution, une petite quantité de cheveux de la Sainte, quelques fragments de ses os et, de plus, deux têtes entières, reliques de deux saints en grande vénération, et les renfermèrent dans une châsse que l'on appela l'Arche des Vertus (1). En opérant pendant la nuit et sous le secret le plus inviolable, la conduite des religieux fut très-digne, car dans des circonstances aussi graves, si le recèlement avait été connu, la séduction ou la force des tortures, dans des temps si malheureux, auraient pu arracher la vérité à quelques-uns. Cet aveu, sans doute, aurait privé la chrétienté et la Provence surtout de ce trésor, qui est une des premières gloires de nos contrées.

Par ce recèlement du saint corps, les cassianites avaient accompli un devoir qui leur était imposé en qualité de gardiens, de religieux et de chrétiens. Par cet acte de prudence cependant, leur mission n'était pas terminée; ils devaient encore prendre des précautions pour transmettre à la postérité le sacré dépôt, avec tous les caractères d'authenticité, afin qu'au retour des temps

---

(1) *Mon. inéd.* — Le jour de l'Ascension, on portait cette châsse à la procession, et le peuple passait par dévotion sous le brancard et baisait avec piété les étoles qui y étaient suspendues. Cet usage s'est propagé jusqu'aujourd'hui dans quelques paroisses voisines de Saint-Maximin et particulièrement à Saint-Zacharie.

plus heureux, l'on pût reconnaître le vrai corps de la Bienheureuse. Dieu, dont la providence infinie n'abandonne jamais la gloire de ses saints, ni ceux qui sont préposés à l'extension de leur culte, inspira aux cassianites un moyen simple, revêtu de caractères de vérité qui peuvent soutenir la critique la plus sévère. Ils firent une inscription sur parchemin, la mirent dans un morceau de liége pour la garantir de l'humidité, et l'enfermèrent dans le tombeau de saint Sidoine, avec le corps de sainte Magdeleine. Cette inscription était ainsi conçue :
« l'an de la nativité du Seigneur 710, le sixième
« jour du mois de décembre, sous le règne d'Eu-
« des, très-bon roi des Français, au temps des
« ravages des Sarrasins, le corps de la très-chère
« et vénérable sainte Marie Magdeleine a été, à
« cause de la crainte de ladite perfide nation,
« transféré très-secrètement, pendant la nuit,
« de son sépulcre d'albâtre dans celui-ci qui est
« de marbre, duquel on a retiré le corps de
« Sidoine, parce qu'ici il est plus caché (1). »

(1) Anno nativitatis Domini DCCX, VI die mensis decembris, in nocte secretissimâ, regnante Odoïno piissimo rege francorum, tempore infestationis gentis perfidæ Saracœnorum, translatum fuit (corpus) hoc carissimæ ac venerandæ beatæ Mariæ Magdalenæ de sepulchro suo alabaustri in hoc marmoreo, timore dictæ gentis perfidæ et quia secretiùs est hìc, amoto corpore Sidonii.

Ils déposèrent aussi dans ce tombeau une seconde inscription qui se trouvait, antérieurement au recèlement, dans le mausolée d'albâtre avec le saint corps. Cette inscription, écrite sur une petite tablette enduite de cire, et renfermée dans un globe de même matière pour la garantir de l'impression de l'air, portait ces mots : « ici repose le corps de Marie Magdeleine. »

Quand toutes ces précautions furent prises, les religieux pleins d'espérance que le sacré dépôt ne serait pas découvert ni profané, voilèrent l'éclat qui entourait la crypte et attendirent avec résignation les justes jugements de Dieu. Aussitôt l'ange du Seigneur, revêtu de puissance, s'assied à l'angle des mausolées, et, pendant plus de cinq siècles, il ne permit jamais qu'une main profane vint remuer le sable qui les recouvrait.

Le bruit de la désolation qui retentissait au loin, devient plus sombre et plus désolant. Les Sarrasins descendants d'Abram, non par Sara, comme ils veulent le dire, mais par Agar et Ismaël, se montrent les tristes héritiers de la férocité prédite à Agar par l'ange du Seigneur, concernant Ismaël (1). Ils délaissent la malheu-

---

(1) Ismaelitas esse constat Agarenos... tandem seipsos Saracœnos nuncupàrunt ab Sara id nomen deducentes. (Procope de Gaza.)

« Paries filium... vocabis nomen ejus Ismaël. Hic erit

reuse Espagne presque déserte et pénètrent dans nos contrées, le fer et la torche en main. Le sang ne tarde pas à couler abondant.

Bientôt aussi l'on aperçoit partout des ruines immenses. Les sombres passions, les instincts sauvages, les intérêts sans pitié, ont des populations entières pour victimes, des villes brûlées pour débris; les pierres des monuments élevés par la piété, sont dispersées, et, lorsque au milieu de ces terres désolées, le christianisme, ange de consolation et de miséricorde, portant dans ses mains la lumière, de sa bouche laissant tomber le pardon, voulait ramener la paix et adoucir tant de férocités, les haines émues ne cessèrent d'étouffer sa voix. Ah! que de prêtres et de religieux durent alors, laissant leurs frères égorgés, prendre le chemin de l'exil et demander l'hospitalité sur une terre étrangère! Cette épouvantable désolation était générale et devait se renouveler plusieurs fois pendant les trois cents ans que ces barbares occupèrent la Provence. Si ce torrent dévastateur, qui fit tant de victimes et mit en ruines tant de monuments sacrés, fut assez

---

ferus homo, manus ejus contrà omnes et manus omnium contrà eum. Et è regione universorum fratrum suorum figet tabernacula. » (Génèse, ch. 16-11-12.)

Angelus hæc prædicit non tantùm de Ismaël sed et de posteris ejus. (Corn. à lapide.)

puissant pour porter ses ravages contre le monastère de Saint-Maximin, disperser ses pierres antiques, chasser en exil ou immoler les religieux cassianites, il ne fut pas assez fort pour déplacer seulement une pierre de la sainte crypte. La fureur des barbares devait s'éteindre devant le premier grain de terre de ce monument sacré, car l'ange du Seigneur en était le gardien. Celui qui seul est le Tout-Puissant n'avait-il pas promis à Magdeleine la célébrité dans tous les siècles !

Quand, après ces longues années de vicissitudes, la religion, si longtemps proscrite et persécutée, sortit de ses ruines et commença à réparer les brèches innombrables faites à ses monuments, des hommes pleins de science et de foi, réunirent autour d'eux les glorieux débris du sacerdoce et des cloîtres. Heureusement la force et la durée de la persécution et des tourments, en rendant silencieux les sanctuaires, n'avaient pas éteint et n'éteindront jamais la fécondité de l'Église. Avec des jours plus heureux, la sève vivifiante du christianisme se développa avec rapidité. Chaque chrétien, dont le nombre fut bientôt immense, fut heureux d'apporter sa pierre pour la réédification des monuments sacrés. L'abbé Wifred relève les ruines du monastère cassianite de Saint-Victor de Marseille, unit son institut à l'ordre de Saint-Benoit, et se hâte d'envoyer à l'abbaye de

Saint-Maximin, qui venait à peine d'être reconstruite, un certain nombre de ses religieux pour habiter ce cloître et perpétuer, par leur vie pénitente, les exemples de vertus qu'avaient donnés les religieux qui les avaient précédés. Ce n'était pas cependant l'unique mission qu'avaient à accomplir les nouveaux bénédictins; ils devaient aussi desservir l'église qui était alors la plus fréquentée de la Provence à cause de la grande vénération qu'on avait pour les reliques de sainte Magdeleine, et se constituer les gardiens vigilants de la sainte crypte et les prédicateurs zélés de la dévotion envers la Bienheureuse.

CHAPITRE XXIII.

INVENTION DU CORPS DE SAINTE MAGDELEINE, CACHÉ DANS LA CHAPELLE SOUTERRAINE, A SAINT-MAXIMIN, DEPUIS 710.
DIVERSES CIRCONSTANCES MIRACULEUSES NE LAISSENT AUCUN DOUTE SUR L'IDENTITÉ DU CORPS DE LA SAINTE.

Les religieux envoyés à Saint-Maximin par l'abbé Wifred, apportèrent le plus grand soin à donner quelque splendeur à l'église, au monastère, à l'infirmerie et à l'hospice. S'ils purent être alors les gardiens de l'antique et constante tradition sur la pénitence de la Sainte à la Baume et du lieu de son trépas à Saint-Maximin, ils ne l'étaient plus du corps de la Bienheureuse, qui n'était visible nulle part, depuis qu'il fut caché, en 710, par les religieux cassianites pour le soustraire aux ravages des barbares. Dieu, dans ses décrets toujours justes et adorables, avait permis, pendant cette longue période de cinq cents ans, l'ignorance entière du lieu où reposait sainte Magdeleine, afin de montrer plus tard sa puissance et réveiller, dans les cœurs des fidèles, une vénération plus immense encore envers les saintes reliques. L'époque de l'invention du trésor, fixée par la divine Providence, étant arrivée, un rayon divin, vers la fin de l'année 1279, éclaire un prince religieux, tout dévoué au culte de notre illustre patronne et lui montre le lieu où repose le saint dépôt. Charles, prince de Salerne, père de saint Louis de Brignoles, fidèle à l'inspiration divine, se rend en Provence. Dès qu'il fut à Saint-Maximin, avant de commencer cette œuvre qui devait avoir un si grand éclat et faire couler tant de larmes d'attendrissement et de joie, il implore avec une piété tendre et des sentiments pleins de foi, l'assistance de celui qui l'avait appelé et qui seul connaît tout et peut tout. Sa prière finie, il se dirige vers le saint caveau et ordonne d'abattre le mur que les anciens religieux avaient fait élever à l'entrée pour ne pas faire soupçonner aux Ismaëlites qu'il renfermait un trésor précieux. Il fit enlever ensuite toute la terre qui recouvrait les mausolées. Ce travail, qui exigeait tant de zèle et d'assiduité, ne donna pas la moindre espérance de réussite. Cependant le prince, convaincu de l'heureuse issue de son entreprise, ne se découragea pas. Il ordonne l'ouverture d'un large fossé, se mêle aux ouvriers, remue lui-même la terre, et bientôt ces exemples d'humilité et d'élan généreux vont avoir leur récompense. Pendant que le royal ouvrier travaille au côté droit en entrant dans la crypte, un bruit sourd se fait entendre; c'est la pioche qui paraît avoir attaqué le roc et trouve de la résistance; on persiste, on creuse autour; on déblaye, et l'on a le bonheur de trouver, le 9 décembre 1279, le tombeau de marbre, celui de saint Sidoine. A l'instant une odeur merveilleuse embaume ce saint lieu. Le prince, qui reconnaît à ce signe que l'objet qu'il cherche avec tant de labeur et de zèle est enfermé dans ce tombeau, s'approche, entr'ouvre le sépulcre et aperçoit, ainsi que les assistants, un corps, qu'il n'ose pas encore appeler le corps de sainte Magdeleine, quoiqu'il connaisse certainement que c'est lui.

Dans une affaire aussi importante, il était urgent autant que nécessaire, de savoir quel était le corps enfermé dans le tombeau, afin que les fidèles fussent fixés au plus tôt sur l'objet de leur vénération. Quoique le prince n'eût aucun doute sur l'identité du corps de sainte Magdeleine, il ne voulut pas néanmoins manifester ses convictions, parce qu'il savait que s'il lui était permis de poursuivre ses perquisitions jusqu'à une réussite heureuse, il ne devait pas, après avoir trouvé ce qu'il croyait être l'objet de sa sollicitude, procéder à la vérification des saintes reliques. Il fit donc refermer le sépulcre, le munit de son sceau, et convoqua les princes de l'Église, ayant seuls le droit de prononcer un jugement en pareille matière. Bernard de Languisel, archevêque d'Arles, Griméric de Vicedominis, archevêque d'Aix, et plusieurs autres prélats, ceux de Narbonne et d'Embrun, se rendent à Saint-Maximin, le 18 du même mois de décembre 1279, jour qui avait été indiqué par le prince. Une foule immense, avide de connaître le résultat de l'enquête, pénètre dans le lieu saint, laissant entrevoir, dans son calme plein de réserve, la pieuse anxiété qui la préoccupait. Les pontifes, en présence du prince, reconnaissent d'abord l'intégrité des sceaux et ordonnent de rouvrir le sépulcre. A peine cet ordre est-il exécuté, qu'il se répandit une odeur de parfums, dit Bernard de la Guionie, comme si on eût ouvert un magasin rempli d'essences aromatiques les plus suaves.

Cette odeur merveilleuse embauma tous les assistants et les invita à s'approcher pour voir ce que pouvait contenir ce sarcophage d'où s'exhalait une senteur si extraordinaire. En ce moment, le prince, les prélats et tous ceux qui furent assez heureux pour pénétrer dans la crypte, furent témoins de trois signes miraculeux, dont la bonté de Dieu voulut se servir pour faire reconnaître que ce corps était véritablement celui de sainte Magdeleine, de cette femme préconisée dans tout l'univers en récompense de son grand amour et des parfums agréables qu'elle avait répandus sur les pieds du Sauveur.

Au milieu des ossements arides, on put contempler la langue de Magdeleine, encore inhérente à la tête et au gosier, conservée miraculeusement et dans le même état où elle était quand cette femme privilégiée fut choisie pour porter la première, aux apôtres, l'heureuse nouvelle du grand mystère de la résurrection du Sauveur. Dans cet organe apparaît une tige de fenouil qui trouve sa vie, s'élève et montre sa verdure. L'aspect de ce rameau, qui conserve sa fraîcheur et ses feuilles dans un tombeau enfoui dans la terre depuis plus de cinq cents ans, entièrement privé d'air, dans une saison de l'année (le 18 décembre) où, à peu près, toutes les plantes et particulièrement celle-là, sont partout desséchées, toucha si profondément le prince et les assistants, qu'ils ne purent se dispenser de répandre des larmes abondantes et de bénir celui qui ne cesse d'entourer de gloire ses enfants qui lui sont fidèles. Presque au milieu du front de la Bienheureuse, un peu du côté de l'œil gauche, apparut cette portion de chair, revêtue de sa peau, que les doigts sacrés du Sauveur ressuscité avaient touchée, dans le jardin (1). Consacrée par le contact de Jésus, cette portion de chair a conservé, jusqu'à ces derniers temps, la mollesse et la couleur d'une chair vivante. Tous ceux qui, pendant les cinq derniers siècles, ont fait le pélerinage à Saint-Maximin, ont pu la voir sur le front de la Sainte. Parmi ce grand nombre de témoins oculaires, plusieurs, qui sont très-dignes de foi, ont rendu, dans leurs

(1) D'après le saint Évangile, Magdeleine, ayant reconnu le Sauveur, dans le jardin, après la résurrection, voulut se précipiter à ses pieds et les embrasser. Jésus lui dit alors : « ne me touchez pas, car je ne suis pas encore monté vers mon Père. »

La tradition des Provençaux a toujours été que Jésus, en prononçant ces paroles, releva Magdeleine de terre et lui toucha le front, sur lequel demeurèrent empreintes les marques de ses doigts. Ce sont ces marques, que la mort a respectées, qui parurent lors de l'invention du saint corps, comme elles avaient paru avant et jusqu'à ces derniers temps.

écrits, un témoignage irrécusable à la vérité de ce fait (1).

La langue conservée sans corruption, une tige de fenouil verdoyant qui trouve sa vie dans cet organe, cette portion de chair incorruptible sur le front de la Sainte, furent trois signes miraculeux qui prouvèrent jusqu'à l'évidence à tous les assistants que le prince avait découvert le vrai corps de sainte Magdeleine, par une assistance visible de Dieu. Chacun vit, dans ce concours de circonstances extraordinaires, un hommage éclatant que la divine Providence avait voulu faire rendre aux restes mortels de la Bienheureuse en récompense de tout ce qu'elle avait fait, pendant sa vie, pour le divin Sauveur. Dans le recèlement du corps de notre Sainte, opéré en 710 par les religieux cassianites, afin de le dérober aux mains sacriléges des Sarrasins, pouvait-on ne pas voir un hommage rendu à la tendre et religieuse in-

---

(1) Cette portion de chair qui tenait au front de sainte Magdeleine, ne fut jamais consumée depuis plus de seize siècles. Elle se détacha néanmoins du front de la Sainte, lors de la vérification de la précieuse relique, faite par les commissaires de la cour des comptes, le 14 février 1780. Les commissaires placèrent le *noli me tangere*, qui est le nom que l'on donne à cette sainte relique, dans une boîte en cristal, montée en vermeil, attachée d'un ruban rouge et scellée des sceaux de la cour des comptes. Cette relique est conservée religieusement à Saint-Maximin.

quiétude de Magdeleine qui, dans ses recherches au Jardin, fut toute disposée à enlever de son sépulcre le corps de Jésus pour le soustraire à la malice des juifs? Dans le zèle et l'activité persévérante du prince Charles pour trouver le saint corps, l'on vit aussi cette attention particulière de la Providence à vouloir récompenser les recherches si vives et si empressées de Magdeleine pour retrouver le corps sacré de Jésus, et sa douleur inconsolable en pensant qu'il avait été dérobé à son amour. Et, dans la joie inexprimable dont tous les cœurs furent inondés à l'ouverture du tombeau et à l'aspect de tant de prodiges, pouvait-on ne pas voir la récompense rendue à Magdeleine pour la vive et prodigieuse allégresse qu'elle avait fait paraître en revoyant le divin Sauveur après sa résurrection? Toutes ces circonstances sur l'intervention divine, réunies à la conviction profonde de la présence certaine du corps de la Sainte, excitèrent dans tous les cœurs une dévotion bien grande envers la bienheureuse Magdeleine et le désir de la voir vénérée dans l'univers entier.

Cependant les prélats, assurés par tous ces signes éclatants et merveilleux, qu'ils avaient en leur présence le vrai corps de la Sainte, enlevèrent alors la poussière du tombeau, pour que la précieuse relique fût dans un état plus convenable de propreté. Pendant cette opération, Dieu permit que le prince, qui avait eu l'insigne bonheur de trouver le trésor, eût encore celui de pouvoir fournir aux siècles futurs une des preuves les plus certaines de l'authenticité des saintes reliques. Un vieux morceau de liége, remué à diverses reprises avec la poussière du tombeau, sans qu'on y fit attention, se brisa entre les mains du prince, qui s'en était emparé. Ce fut alors qu'apparut, au milieu des débris du liége, le parchemin, déposé dans le mausolée, en 710, par les anciens religieux cassianites, sur lequel était l'inscription relatée au chapitre précédent. Ce témoignage de vérité sur la présence certaine du corps de la Sainte, fut accueilli avec joie par la foule immense qui assistait à la cérémonie. Aussitôt les pontifes, présidés par le cardinal de Longis, procédèrent à l'examen et à la discussion de tous les témoignages, écrits et monuments relatifs à cet objet. Après avoir constaté la vérité, ils déclarèrent, par un décret solennel, que ces reliques étaient véritablement les propres restes du corps de sainte Marie Magdeleine. Ce décret des évêques, confirmé par le pape Boniface VIII, le fut aussi dans la suite par plus de vingt souverains pontifes, qui tous ont assuré dans leurs bulles que le corps de sainte Marie Magdeleine était à Saint-Maximin, en Provence.

Il était urgent, après ce décret, de s'occuper

de l'élévation solennelle du saint corps, car il ne convenait pas qu'il demeurât trop longtemps dans la crypte, qui se trouvait alors très-peu en état de servir de reliquaire à un objet si précieux. Le prince voulut que cette cérémonie grave et majestueuse de la translation eût lieu le 5 mai 1280, deuxième dimanche après Pâques. Dès le commencement de ce mois, l'on vit arriver à Saint-Maximin, le prince, les prélats de Provence et quelques-uns du royaume, des barons, des comtes et une foule de personnages de distinction. Au jour indiqué, les pontifes, revêtus de leurs ornements pontificaux, pénètrent dans la crypte, et, pendant qu'ils sont occupés à retirer avec une vénération profonde, les saints ossements, ils trouvent dans le tombeau, la seconde inscription ainsi conçue :

« Ici repose le corps de la bienheureuse Marie
« Magdeleine. »

Dès que les évêques eurent terminé d'envelopper dans des étoffes précieuses les reliques de la Bienheureuse, la foule immense des fidèles, qui attendait, pieusement recueillie dans le temple, la fin de cette œuvre intéressante, se réunit, avec empressement, à la procession imposante et solennelle qui eut lieu à travers les rues de Saint-Maximin.

Le souvenir d'une cérémonie si majestueuse,

qui avait excité dans les cœurs des émotions si douces, méritait d'être transmis à la postérité. Aussi les évêques déterminèrent-ils que cette fête de la translation se célébrerait, chaque année, le quinzième jour après Pâques ; ce qui fut toujours exactement observé à Saint-Maximin. Le souverain Pontife Sixte IV, pour propager la dévotion envers la Sainte et faire avancer les fidèles dans la voie du salut, daigna accorder, en 1471, l'indulgence plénière à tous ceux qui, après avoir accompli les conditions prescrites, visiteraient ce jour-là les reliques de sainte Marie Magdeleine (1).

Dans ces circonstances, le religieux prince eût honoré plus dignement encore le précieux trésor, si la belle châsse d'argent, enrichie de divers ornements d'or, qu'il avait fait exécuter dans ce dessein, eût été terminée à cette époque. Ce pieux désir ne put être réalisé que l'année suivante, en 1281, le dimanche après l'Ascension. Au jour fixé pour cette seconde translation, il convoqua six évêques de Provence, dix abbés, plusieurs

---

(1) La dévotion envers sainte Marie Magdeleine, ainsi que le désir de gagner l'indulgence plénière, accordée par le pape Sixte IV, attirèrent à Saint-Maximin, un nombre immense de pèlerins, accourus même des contrées éloignées. Cette affluence extraordinaire donna lieu à l'établissement d'une foire importante, appelée foire de *la Quinzaine*.

théologiens et un grand nombre de religieux. Les pontifes, après avoir examiné de nouveau tous les témoignages sur l'authenticité des saintes reliques, confirmèrent dans cette dernière réunion, le jugement porté en 1280, et placèrent dans la châsse magnifique, donnée par Charles de Salerne, le saint corps de Marie Magdeleine.

CHAPITRE XXIV.

LE PRINCE CHARLES, POUR L'HONNEUR DES RELIQUES DE SAINTE MAGDELEINE, FAIT CONSTRUIRE UNE BELLE ÉGLISE, A SAINT-MAXIMIN, ET VEUT QU'ELLE SOIT DESSERVIE PAR LES RELIGIEUX DE SAINT DOMINIQUE.

L'heureux événement de l'invention des précieuses reliques se propagea avec une rapidité étonnante. Les démarches du prince Charles, son zèle, sa persévérance, les signes miraculeux que le Tout-Puissant avait fait briller à l'ouverture du tombeau pour dissiper tous les doutes sur l'identité du corps de la Sainte, furent racontés dans les moindres détails et avec tant de zèle et d'attendrissement, que l'on vit accroître singulièrement la dévotion envers nos pèlerinages de Provence, la sainte crypte et la Sainte-Baume. Ce ne fut pas seulement la France qui envoya ses pèlerins ; les nations étrangères députèrent aussi des contrées lointaines, de nombreux et pieux fidèles qui vinrent honorer le saint corps et baiser avec respect la pierre qui le recouvrait. Combien de fois des souverains pontifes, des rois, des princes et des personnages distingués par leur science et leur piété, sont-ils venus vénérer notre illustre patronne et reconnaître, en présence de la crypte, ou du roc de la Baume humecté par les larmes de la Bienheureuse, que les grandeurs humaines, sans les vertus, ne servent de rien.

Cependant, la céleste inspiration qui avait dirigé sûrement le religieux prince dans la recherche des saintes reliques et dans son heureuse réussite, n'abandonna pas le docile instrument qui venait d'accomplir son œuvre première. Charles, plein de reconnaissance pour son Dieu qui avait daigné se servir de lui pour opérer ses merveilles et perpétuer dans la suite des siècles la célébrité de Magdeleine, ne cessa d'interroger le ciel et de connaître sa volonté. Il sut bientôt que sa glorieuse mission commençait à peine et qu'il avait à l'accomplir en prince et en chrétien. Son amour et son zèle écartent tout délai. Il unit aussitôt sa puissance temporelle à sa foi vive d'enfant de l'Église et se disposa à procurer à la grotte des pleurs et aux saintes reliques qui devaient rester à l'abbaye, toute la décence convenable. L'église qui existait alors à Saint-Maximin, détériorée par le temps, était peu digne de la majesté du culte et du trésor qu'elle contenait. Le flot des pieux visiteurs qui grossissait toujours, pouvait rarement trouver place dans ce saint lieu, à cause de son exiguité. Charles, qui connaissait toutes ces difficultés et qui voulait surtout, par amour pour son Dieu et sa dévotion envers la Sainte, relever la splendeur du culte et procurer aux âmes la paix du Seigneur, s'occupa de la construction d'une nouvelle église vaste et magnifique. Il suffit de voir, maintenant que cet édifice est terminé, toutes les beautés en architecture qu'il renferme, pour avoir une juste idée des soins délicats employés dès le commencement des premières dispositions. Les plans que le prince fit lever furent élaborés sans doute par des hommes pleins de science et de foi, car ces lignes d'architecture sévère et grandiose, tracées par des mains habiles, saisissent l'âme, non pas seulement par la majesté de l'ordonnance, la hardiesse et l'harmonie des proportions, mais aussi par le goût sévère et pur que l'on remarque partout dans ce beau monument. L'élévation et la majesté des voûtes, ces colonnettes entremêlées avec les grandes colonnes des piliers, ces retours des chapiteaux sur lesquels n'apparaissent ni festons, ni feuillages, enfin toutes ces beautés d'un travail achevé, tous ces élancements sévères vers le cintre qui doit les réunir, semblent être un immense faisceau de prières qui s'élèvent au ciel avec un accord ravissant. En 1288, Charles fit poser les premières assises de cette œuvre grandiose qui exigeait de sa part et de celle des comtes de Provence, ses successeurs, une générosité inépuisable. Toutes les difficultés d'exécution et les sommes immenses qu'il fallut dépenser, ne l'arrêtèrent pas un instant; sa foi vive, le désir du bien des âmes, sa confiance en Dieu, lui montraient déjà son œuvre comme terminée, quoiqu'il sut fort bien qu'il ne verrait pas l'achèvement de cette église qui ne devait avoir lieu qu'en 1529, après deux cent quarante-un ans de persévérance et de travail (1).

Les trois religieux cassianites, que l'on peut appeler bénédictins depuis que l'abbé Wifred unit son institut de saint Cassien à celui de saint Benoît, ne pouvaient suffire à desservir une église qui de-

---

(1) Telles sont les dimensions de l'église de Saint-Maximin :

Longueur.	72 mètres.
Hauteur	30 id.
Largeur	27 id.
Enfoncement des chapelles. .	10 id.

vait être si vaste, et relever la splendeur du culte, qui avait pour ainsi dire disparu depuis assez longtemps (1). Le prince, qui reconnut cet état si peu digne de la majesté divine et peu conforme à sa haute piété, jugea qu'il était nécessaire de remplacer cet ordre religieux par un autre plein de vigueur et de sainteté, qui, en transmettant sans interruption le saint corps de Magdeleine aux âges futurs, fût capable de relever le culte divin, de donner des soins assidus aux nombreux visiteurs et de travailler avec énergie à la conquête des âmes. Il employa dans ses démarches pour cette substitution de religieux, beaucoup de délicatesse et de précautions, pour ne pas blesser un ordre qui avait été pendant tant de siècles le gardien de la sainte crypte et qui méritait encore beaucoup d'égards, à raison des services qu'il avait rendus. Toutes ces considérations, et surtout une charité bien entendue, déterminèrent le religieux prince à n'enlever aux cassianites que le prieuré de Saint-Maximin et le soin de la Sainte-Baume,

(1) Le pape chargea l'abbé de Saint-Victor de remplacer par des bénédictins les religieux cassianites qui desservaient depuis longtemps cette chapelle; il se plaint du relâchement introduit parmi les cassianites, et ce n'est guères qu'avec le temps qu'on mérite de pareils reproches; plus tard les dominicains furent chargés de ce service et l'ont continué jusqu'à la révolution. (Notice sur la Sainte-Baume, par M. l'abbé de Villeneuve.)

sans toucher à leur revenu qui était plus que suffisant pour l'entretien et la subsistance de l'ordre.

Les religieux de saint Dominique, fidèles héritiers des vertus héroïques de leur saint fondateur, travaillaient alors avec un zèle persévérant à la vigne du Seigneur. Leur sainteté était exemplaire et jetait un vif éclat dans l'Église de Dieu. Charles, prévoyant que cet ordre remplirait bien son intention, qui était d'honorer et de faire honorer par les peuples les reliques de sainte Magdeleine et la sainte grotte où cette fidèle amante avait répandu tant de larmes, résolut de lui confier le prieuré de Saint-Maximin et la Sainte-Baume. Comme il ne pouvait de lui-même opérer la substitution des religieux dominicains aux cassianites, il soumit ses religieux projets à la sagesse du Saint-Siége et sollicita son approbation. Le souverain pontife Boniface VIII, qui était instruit de l'inspiration divine qui avait dirigé le prince, des signes miraculeux qui avaient éclaté à l'ouverture du tombeau, du jugement des évêques qui avaient procédé avec tant de maturité à l'examen de la cause, enfin des moindres détails sur tout ce qui s'était passé à Saint-Maximin, accueillit avec bonté les propositions qui lui furent faites, et, par une bulle en date du 6 avril 1295, il donna à Charles la faculté de substituer les dominicains aux cassianites et d'établir à Saint-Maximin un prieuré de frères prêcheurs, sous l'observance régulière de cet ordre, avec tel nombre de frères qu'il jugerait convenable. Pour manifester sa dévotion envers sainte Magdeleine, comme aussi par estime pour Charles et pour l'ordre qu'il adoptait, il voulut lui-même agréer et nommer pour premier prieur du couvent de Saint-Maximin, le père Guillaume de Tonneins, religieux dominicain, en grande vénération par sa science et sa piété. Il ordonna en même temps à Pierre de Lamanon, évêque de Sisteron, d'établir à Saint-Maximin vingt frères prêcheurs de l'ordre de saint Dominique et quatre à la Sainte-Baume, deux religieux prêtres et deux convers, laissant à Charles la faculté d'augmenter ce nombre, selon ses désirs (1). Pierre de Lamanon, très-soumis aux ordres qu'il venait de recevoir, prit possession, au nom du pape et pour les religieux dominicains, du prieuré de Saint-Maximin, le 20 du mois de juin 1295, et le lendemain, assisté de Monseigneur l'évêque de Marseille, il fut à la Sainte-Baume, prendre aussi possession de ce saint lieu. Comme il voulait sans délai exécuter les ordres du souverain pontife et introduire les nouveaux religieux à Saint-Maximin et à la Sainte-Baume, l'évêque de Sisteron fit

(1) Robert, fils de Charles de Salerne, voulut qu'il y eût à la Sainte-Baume, huit religieux dominicains, quatre prêtres et quatre servants.

savoir, immédiatement après la prise de possession, au père de Mulcéon, provincial, et à tout le chapitre des religieux de l'ordre de saint Dominique, assemblé alors à Castres, les intentions du prince et les ordres du souverain pontife, qui voulait que vingt-quatre religieux vinssent s'installer sans retard dans les deux nouveaux établissements. Le chapitre accueillit avec respect et soumission les ordres du pape, et envoya vingt-quatre religieux à Saint-Maximin et à la Sainte-Baume.

Avec cette nouvelle fondation il fallait aussi un nouveau couvent plus spacieux, car celui que les cassianites avaient occupé pendant tant de siècles était insuffisant pour loger les nouveaux religieux, et n'offrait pas les divers détails, dans les compartiments, qui étaient nécessaires pour l'observance de la règle. Charles II, qui voulait, d'après l'autorisation du saint père, par la bulle du 6 avril 1295, faire desservir la nouvelle église par une communauté nombreuse, composée de cent dominicains, qui pussent, avec une grande pompe, célébrer l'office divin et vaquer à la prière et le jour et la nuit, fit poser les assises d'un couvent très-spacieux. Pour que les travaux ne fussent pas interrompus, il assigna à cet effet par ses lettres-patentes, datées à Brignoles, le 19 décembre 1295, des revenus immenses pour la continuation de l'église et du couvent, « à cause, dit-il,

« de la révérence due à sainte Magdeleine dont
« le corps repose à Saint-Maximin. »

Les religieux de saint Dominique occupèrent, dès leur arrivée, l'antique monastère délaissé par les cassianites, en attendant que le nouveau, qui s'élevait rapidement, fut entièrement achevé. Leur vie sainte, leur zèle, l'observance rigoureuse de la règle, donnèrent bientôt l'espérance qu'ils seraient en tout temps un sujet d'édification pour les visiteurs de la sainte crypte et les fidèles de nos contrées. Charles, qui fut témoin de tant de vertus, sentit une agréable consolation d'avoir appelé un ordre si disposé à seconder les vues de la Providence et ses intentions envers notre Bienheureuse. Il espérait bien que ces heureux commencements se perpétueraient à l'avenir. Cependant, pour que ces religieux ne fussent pas exposés à quitter trop souvent le monastère par la nécessité de trouver ailleurs l'entretien et la subsistance, il voulut les délivrer de toute sollicitude temporelle, afin qu'ils pussent plus aisément imiter la vie contemplative de la Bienheureuse dont ils devaient honorer et faire honorer les vertus, se livrer plus assidûment à la prière auprès de la sainte crypte, et se tenir à la disposition des fidèles qui pouvaient réclamer le secours de leur saint ministère. Ce furent toutes ces raisons, si empreintes d'une charité ardente, qui déterminèrent

le religieux prince à solliciter du pape Boniface VIII la dispense, pour que les dominicains du couvent de Saint-Maximin ne continuassent pas, comme c'était alors l'usage commun à tous les frères prêcheurs, de vivre de quêtes (1). Dès qu'il eut obtenu cette dispense, il prit les dispositions pour que les religieux, sans qu'il fût nécessaire de sortir de leur monastère, eussent tout ce qui était indispensable à leur entretien et nourriture. Par ses lettres données à Brignoles, le 19 novembre 1295, il céda aux religieux nouvellement installés, une rente annuelle de deux cent cinquante livres de couronnats (2), « à cause, dit-il, de notre
« vénération envers sainte Marie Magdeleine,
« dont le très-saint corps repose à Saint-Maxi-
« min, et pour la rémission de nos péchés (3). »

(1) Pius rex... petiit ab eodem S. P. Bonif. VIII, nolens fratres sancti Dominici publicæ mendicitati fore subjectos. (Bernard de la Guionie.)

(2) La livre de couronnats valait huit livres de notre monnaie.

(3) Conventui fratrum prædicatorum in loco Sancti-Maximini, per Dominum nostrum B. Pontificem, ad nostræ petitionis instantiam statutorum, ob reverentiam B. M. Magdalenæ cujus beatissimum corpus requiescit ibidem, ac in remissionem nostrorum peccaminum pro vitâ et substentatione fratrum et conventûs ejusdem, de ducentis et quinquaginta libris coronatorum provinciæ, singulis annis, de merâ liberalitate, duximus providendum. *(Mon. inéd.)*

Le prince religieux et plein de zèle, qui accomplit si bien les desseins de la divine Providence pour l'exaltation et la propagation de la célébrité de la bienheureuse Magdeleine, eut la consolation, après une vie remplie de bonnes œuvres et de piété, de rendre son âme à Dieu, le 5 du mois de mai de l'année 1509, jour anniversaire de la translation des reliques de sainte Magdeleine.

CHAPITRE XXV.

DÉVOUEMENT DES RELIGIEUX DOMINICAINS POUR PROPAGER LA CÉLÉBRITÉ DE SAINTE MARIE MAGDELEINE.

La tendre et ardente dévotion envers sainte Magdeleine et le zèle persévérant pour les religieux dominicains, dont Charles II a laissé de si précieux souvenirs, semblent avoir été héréditaires dans tous ses successeurs. L'on voit, en effet, dans les douze princes qui ont occupé le trône après lui, ces marques très-sensibles de dévotion et de zèle souvent manifestées par des actes publics de munificence. La sainte crypte, l'église de Saint-Maximin et le lieu de la pénitence de la Bienheureuse, à la Sainte-Baume, ont montré, pendant des siècles, les immenses et pieuses offrandes de ces princes; ces monuments les montreraient encore, si des mains sacriléges n'eussent ravagé ces lieux et ravi ces trésors. Le nouveau couvent, d'où devaient sortir les étincelles de la vraie charité, qui vivifieraient tant de cœurs, fut aussi pour eux le sujet d'une attention particulière et d'une tendre sollicitude (1).

Le zèle et la dévotion que manifestèrent les religieux dominicains, dès le commencement de

(1) Indépendamment des divers secours qu'ils apportèrent à l'œuvre, ces princes crurent même pouvoir entrer, par leurs ordonnances, dans certains détails, concernant la réception des religieux, dont ils auraient pu se dispenser. Quoique ces règlements fussent fort sages et judicieux, il appartenait aux supérieurs de l'ordre, qui étaient très-aptes par leur charge, leurs vertus et leurs mérites, de poser les conditions nécessaires à l'admission des postulants. Les ordonnances de Robert, roi de Sicile, renouvelées par Louis II, qui voulaient que nul fût admis dans l'ordre s'il n'avait une conduite exemplaire, un âge mûr et l'esprit de son état, peuvent donner une idée de la sainte sollicitude des comtes de Provence. Ils désiraient voir des anges sans cesse autour de la crypte où repose le corps de la Bienheureuse, et montrer que, selon leur ardente piété, les cœurs les plus purs, les religieux les plus fervents, l'étaient à peine assez, lorsqu'ils devaient être les gardiens de reliques si illustres et les propagateurs de vertus si sublimes.

Volumus ut in fraternitatem hujus monasterii nisi ei bonæ conversationis, maturæ ætatis et religiositatis honestæ, merita suffragentur, sub pœnâ gratiæ nostræ, aliquatenùs admittatis... volumus ut fraternitatis, sicuti affectamus, maturorum religiosorum claustralis conversatio in monasterio ipso vigeat et clarescat. (Robertus. — Lud. II.)

leur installation, ne se ralentit plus. Le père Vigorosi, qui avait succédé, en qualité de prieur du nouveau couvent, au père de Mulcéon, premier prieur, voulut au plus tôt que tout l'ordre de saint Dominique fût mis plus particulièrement sous la protection de la Sainte. Dès son entrée en fonction, il annonça au chapitre général de l'ordre, assemblé à Venise, que les religieux dominicains avaient été établis à Saint-Maximin et à la Sainte-Baume, pour être les gardiens des reliques de la Bienheureuse et les imitateurs de ses vertus. Le chapitre accueillit cette communication avec une joie sincère, et pour manifester son désir que tout l'ordre fût sous la protection de la Sainte et participât à ses bienfaits, il ordonna qu'à l'avenir la fête de sainte Magdeleine se célébrerait avec octave dans tout l'ordre.

Pendant près de six cents ans, gardiens vigilants de la sainte crypte et de la Sainte-Baume, ces bons pères furent les prédicateurs zélés de la célébrité de la Sainte, donnant en tout temps et partout l'exemple des vertus qu'ils annonçaient. On les voyait alors, dans ces jours heureux, parcourir les villes et les hameaux, distribuant, en apôtres, le pain de la parole de vie pour gagner des âmes à Dieu. Nos pères, qui ont été témoins de leur activité dans la vie apostolique, ont transmis aux générations qui leur ont succédé, les innombrables bienfaits de cet ordre béni de Dieu.

Cependant ces religieux, qui savaient que l'homme dépendant du jeu de ses organes dans ses fonctions intellectuelles, a besoin, dans l'exercice de la piété, d'être réveillé, fixé même par les objets sensibles, ne négligèrent pas, au milieu de leurs pénibles labeurs du saint ministère, la splendeur du culte à Saint-Maximin et la décoration de la Sainte-Baume.

Une visite de quelques heures à Saint-Maximin vous déroule aisément, tant elles sont nombreuses, les œuvres immenses des enfants de saint Dominique. Derrière l'église, apparaît leur monastère vaste et solidement construit, avec son ordonnance majestueuse et sévère ; à l'angle occidental du cloître, c'est l'hôtellerie de l'ordre, qui s'élève grandiose en face du monument sacré, et captive l'attention des visiteurs par la majesté de ses proportions et la beauté du travail. Dans l'église vaste et magnifique, l'on ne voit partout que des mémoires de cet ordre célèbre. La façade inachevée rappelle l'inspiration du prieur des dominicains, Jean Damiani, qui fit clore, en 1512, la nef, les bas-côtés, et couvrit l'église, sans pouvoir achever son œuvre qui demandait des sommes immenses que le couvent était alors dans l'impuissance de fournir. Toutes ces dépenses ne permirent pas aux religieux d'orner l'église selon leurs désirs. Ils durent se contenter pendant longtemps du maître-autel en briques qu'ils élevèrent dès que l'église fut achevée, en 1529. L'état prospère du couvent leur permit enfin, en 1678, de faire construire un maître-autel (celui que nous voyons aujourd'hui), en marbre jaspé, enrichi de figures et de médaillons en bronze. Pour achever ce beau travail, si bien en rapport avec la majesté du monument, il ne fallut pas moins de quatre ans de travail et vingt-deux mille livres aux ouvriers. Ce fut un général de l'ordre, Nicolas Rodulphe, qui envoya de Rome le précieux morceau de sculpture que l'on voit, en entrant à gauche, dans le sanctuaire, représentant la Magdeleine élevée dans les airs par les anges. Il y a dans l'expression de la Sainte une grande douceur et quelque chose d'extatique et de céleste. Le même général de l'ordre, dans une de ses visites à Saint-Maximin, vit avec peine que le corps de notre Sainte fût placé dans un reliquaire peu digne, tandis que diverses parties de ces saintes reliques étaient conservées dans des châsses magnifiques, données par des personnes de haute distinction. Il accepta l'offre faite par Monseigneur de Marinis, archevêque d'Avignon, religieux de saint Dominique, et fit confectionner à Rome, par le célèbre artiste Sylvius Calce, une urne de porphyre d'un très-beau travail. Dès que le souverain pontife Urbain VIII, en eut fait la bénédiction à Rome, le 22 juillet 1634, cette belle châsse de porphyre, surmontée de la figure de sainte Magdeleine, accoudée sur son rocher, fut placée sur le maître-autel de l'église de Saint-Maximin. Deux chiens en bronze doré, tenant un flambeau ardent, symbole de l'ordre de saint Dominique, lumière et fidélité, soutiennent le beau morceau de sculpture. Les visiteurs s'accordent à regarder, comme un chef-d'œuvre, la chaire à prêcher, ornée de sept médaillons représentant chacun une circonstance de la vie de la Sainte, l'abat-voix et le groupe qui le couronne. Ce travail, plein de délicatesse jusque dans ses moindres détails, est encore l'œuvre d'un dominicain, le bon frère Louis, qui ne croyait pas, en consacrant ses heures à découper le frêne, qu'il laissait aux beaux-arts un modèle presque inimitable (1). Enfin, ces beautés sans nombre qui se montrent dans la sculpture des médaillons du chœur, cette grâce dans l'expression des divers personnages, ces broderies qui s'enchevêtrent avec une délicatesse exquise et sans confusion, et tant d'autres productions magnifiques qui se pressent dans ce saint lieu, sont les œuvres des religieux dominicains, ou exécutées par leurs ordres et d'après leurs dessins.

Si nous visitons la Sainte-Baume, partout aussi nous rencontrons dans les monuments qui sub-

(1) La chaire à prêcher fut terminée en 1756.

sistent ou dans les ruines qui portent encore les cicatrices toutes fraîches imprimées par le temps et la main des hommes, les souvenirs de ces bons pères, qui pratiquaient avec une merveilleuse dextérité, pour le bien des âmes, ce que saint Basile appelle les industries insinuantes de la grâce. Pendant les heures que les religieux ne consacraient pas à la prière ou aux soins réclamés par les visiteurs, ils s'occupaient à faire reconstruire ou réparer les bâtiments, les autels, le Saint-Pilon, le sentier toujours si difficile à entretenir, ainsi que nous le verrons dans les chapitres qui concernent les diverses particularités de la sainte grotte et du désert. Ce qui néanmoins les préoccupait plus particulièrement, c'était de conserver à ce sanctuaire cet aspect religieux et cette décence que les visiteurs ne devraient jamais attaquer. Aussi voyait-on, dans ces jours heureux, jusqu'à la fin du siècle dernier, le beau désert et surtout la sainte grotte, entourés de respect et de vénération.

Cependant l'heure de la destruction et des ruines allait bientôt arriver. 1793 emmenait avec lui une longue série de tempêtes qui devaient désoler nos monuments et nos sanctuaires. Les religieux dominicains, forcés alors de quitter leur monastère à Saint-Maximin et la sainte crypte [1], dont

---

[1] Les détails sur le départ des pères dominicains de la Sainte-Baume et sur la destruction des divers monuments de ce désert, sont relatés au chap. XXIX.

ils avaient été les gardiens pendant tant de siècles, prirent le chemin de l'exil avec la sérénité d'une âme qui vit en paix avec Dieu, conservant néanmoins l'espérance que des jours plus heureux ramèneront leurs successeurs auprès des monuments sacrés qu'ils délaissaient. Bientôt une foule de ces malheureux qui aiment à se montrer au milieu des tourmentes, apparaissent dans nos contrées. L'avidité de ces sacriléges les pousse à s'emparer des vases sacrés, calices, pierreries et de tous les objets précieux qui étaient dans l'église de Saint-Maximin. Les saintes reliques de la Bienheureuse, arrachées de leurs précieux reliquaires, furent jetées avec confusion dans une caisse, et, si Dieu, toujours admirable dans ses saints, n'eût suscité le pieux sacristain de la paroisse pour enlever secrètement le chef de saint Magdeleine, la sainte ampoule, le *noli me tangere*, une partie des cheveux et les os des bras, tout aurait été plus indignement profané encore et soustrait pour toujours à la vénération des fidèles. Ce fut dans ces circonstances que disparut cette belle châsse d'un prix inestimable, qui renfermait le chef de notre Sainte. Anne de Bretagne, en 1505, l'avait splendidement ornée. Cette princesse, qui savait que l'illustre Pénitente, dans ses ravissements, avait été élevée de terre et transportée par les anges, voulut exprimer cette circonstance et fit exécuter en argent doré quatre figures d'anges, destinées à remplacer les lionceaux que Charles II avait fait exécuter pour soutenir le buste de sainte Magdeleine.

Quand, après tant d'horreurs et de sacriléges, il fut permis de paraître chrétien, on ne put trouver, dans cette église désolée, un simple reliquaire pour y déposer le précieux trésor rendu avec fidélité par le pieux sacristain. Heureusement la tourmente, qui avait pu enlever l'or et les pierreries, avait été impuissante à faire disparaître des cœurs des habitants de Saint-Maximin la dévotion envers leur sainte patronne, et le désir de contribuer à relever son culte. Une collecte, faite indistinctement dans le pays, fut assez abondante pour faire exécuter une châsse en bois doré sur le modèle de l'ancienne. L'espérance qu'on eut alors de ne pas laisser longtemps, dans un reliquaire si peu digne, le chef sacré de sainte Magdeleine, va bientôt être accomplie. Le zèle actif et éclairé de M. le curé-doyen (1) et de MM. les fabriciens, a su trouver, par un appel à la dévotion des peuples de nos contrées, les sommes nécessaires pour la confection d'une châsse magnifique, où reposeront, avec plus de dignité et de décence, les reliques de sainte Marie Magdeleine.

(1) M. l'abbé Vian.

GROTTE DE LA SAINTE BAUME,
où MARIE MAGDELEINE, passa trente trois ans, dans les larmes et la prière

TROISIÈME PARTIE.

EXPOSÉ HISTORIQUE DE LA SAINTE-BAUME ET DES DIVERSES PARTICULARITÉS DE CE DÉSERT.

Rarement les fidèles, qui visitent, à Saint-Maximin, la sainte crypte où repose le corps de sainte Magdeleine, et le beau monument élevé par Charles II et ses successeurs, terminent ces pieux pélerinages sans diriger leurs pas vers l'antre saint où l'illustre Pénitente a passé trente-trois ans dans les larmes et la componction. La Grotte, le Saint-Pilon, les Oratoires et toutes les particularités de ce désert, qui excitent presque toujours des émotions si douces dans ceux qui connaissent l'histoire de ces monuments, sont presque toujours aussi pour ceux qui l'ignorent, un langage muet et inintelligible. Quelques détails sur ces monuments pourront donc être utiles à plusieurs et les disposer à faire le pélerinage avec intelligence et piété, comme l'ont fait, à diverses époques, tant de personnages illustres par leur science et leurs vertus.

La Sainte-Baume (en langue vulgaire) ou autrement sainte grotte, est située, comme il a été dit au chapitre XIII, à l'extrémité du diocèse de Fréjus, département du Var, et à peu de distance de Marseille. De tous les sentiers qui peuvent y conduire, celui de Saint-Zacharie, petite ville, agréablement située sur les bords de l'Huveaune, est le plus facile et le plus agréable. Le voyageur, placé dans sa voiture, peut parvenir jusqu'à la lisière du bois, en suivant ce chemin, sans mettre, s'il le veut bien, une seule fois le pied à terre. Avec cet avantage, il a celui de rencontrer, pendant les huit kilomètres qu'il a à parcourir, des sites variés et quelquefois très-beaux. Ici, c'est une colline haute et glissante, couverte de pins tordus qui s'efforcent d'élever leurs cimes et de chercher un aplomb. Plus loin, ce sont des sources d'eau limpide, environnées de touffes d'arbres d'un aspect pittoresque, qui surgissent au bord du chemin, se développent, forment parfois des cascades agréables et disparaissent presque aussitôt dans le sable délaissé par les torrents. Il n'est pas rare aussi de rencontrer un terrain stérile et sec, d'où s'élancent des blocs énormes de rochers de différentes grandeurs, présentant un panorama sauvage, mais qui n'est pas sans agrément. Après avoir franchi la seule colline, un peu difficile (celle de la Grande-Bastide), le voyageur arrive en face de l'immense rocher qui présente dans son flanc cette baume préparée par la main des anges, pour être la demeure de la sainte Pénitente ; mais, avant d'y arriver, il doit traverser la plaine du Plan-d'Aups, ainsi que la forêt dont je vais faire la description.

CHAPITRE XXVI.

FORÊT DE LA SAINTE-BAUME.

En pénétrant dans cette forêt, dont la surface n'excède pas cent quatre-vingt hectares, de quelque côté qu'on tourne ses regards, la nature vous déroule un tableau plein de charmes et de vie. Ici, ce sont quelques sentiers peu battus, entrecoupés de petits ravins, recouverts de vieux débris de frêne ou de tilleul dix fois séculaires. Tout le long du sentier, comme dans l'intérieur de la forêt, s'élèvent de chaque côté le hêtre, le sycomore, l'aulne, l'érable et une infinité d'autres arbres d'une grosseur étonnante et d'une variété extraordinaire, dont les cîmes, en forme d'immenses parasols, semblent se perdre dans les nues. Sous ces arbres gigantesques, le sol est couvert d'une infinité d'arbustes d'inégale grandeur, qui, confondant leurs branches avec les hautes herbes et les plantes basses, forment, en certains endroits, un rempart impénétrable et des sites d'une beauté merveilleuse. L'œil plonge avec une religieuse terreur dans ces belles solitudes que le rayon du soleil n'a jamais visitées, et dont le silence solennel n'est interrompu, de temps à autre, que par les cris divers des animaux, paisibles habitants de ces lieux. Dans les vides que la nature a laissés entre ces magnifiques tiges, qui ressemblent assez à des énormes colonnes couvertes de mousse, à peine voit-on se produire une légère éclaircie par où s'échappent quelques rayons furtifs et pâles. Parmi cette grande variété d'arbres, le visiteur distingue ordinairement l'if, appelé en langue vulgaire par les provençaux, si dévoués à sainte Magdeleine, l'*aoubré dé la Santo-Baoumo*, comme si l'if ne pouvait trouver sa vie ailleurs. Il est vrai que tout, dans cet arbre, concourt à le faire distinguer; sa tige droite, noire, crevassée, épaisse à la base, se terminant en pointe sans signaler la moindre inflexion, la raideur de ses branches qui s'éloignent du tronc, souvent sans transition, et surtout son feuillage en découpures infinies, conservant sa couleur vert foncé, en hiver comme en été, alors même que la branche a été coupée depuis long-temps. Aussi, rarement le pélerin achève-t-il son pélerinage à la Sainte-Baume, sans rapporter chez lui, comme un étendard qui révèle sa visite, quelques branches de cet arbre caractéristique et mystérieux. C'est surtout en avançant vers l'antre saint qu'apparaît avec majesté cette prodigieuse magnificence de la nature. Çà et là gisent, entourés de gazon et de hautes herbes, des blocs énormes de granit, détachés du roc primitif. Une mousse, lisse et verdoyante quand elle est jeune, mais sombre et mélancolique quand le temps l'a affaissée, les veloute avec une délicatesse rare, pendant qu'ils sont ombragés par des centaines d'arbres très-antiques, recouverts, eux aussi, d'une mousse épaisse et noirâtre qui se prolonge en longs filaments très-déliés. Les plantes parasites, les scolopendres, les lierres qui s'en sont emparés, semblent par leur fixité ne vouloir céder à d'autres le soin de les orner. Des divers plis de ce granit, crevassé par l'effet de sa chûte violente, se développent des houx et des plantes sauvages, qui hérissent leurs touffes rousses et forment un tableau naturel des plus ravissants. C'est au milieu de ces profondes solitudes, où tout est silence, que l'âme se replie sur elle-même, comprend les grands intérêts de l'éternité, et reconnaît aisément qu'un rayon du ciel a visité ce lieu et qu'une âme sainte l'a habité.

Telle était la magnificence de cette forêt dans les siècles passés, alors que tous aimaient à voir l'antique sanctuaire de Magdeleine entouré d'une belle physionomie religieuse. Dans ces temps heureux, le bûcheron, la hache en main, n'osait s'avancer, même furtivement, du bois sacré, pour abattre quelques tiges, fussent-elles vermoulues et desséchées. Son respect pour ces saints lieux lui eût fait craindre que sa témérité ne fût aussitôt punie. Le temps seul exerçait son autorité sur les arbres de cette forêt. S'il devait être inexorable et les atteindre tous successivement, du moins les envahissait-il avec précaution et discernement, mettant quelquefois dix siècles à déraciner un tilleul, afin qu'on ne s'aperçût pas de ses ravages. Il est vrai qu'indépendamment des sentiments de vénération, assez puissants pour laisser intacte la belle harmonie qui régnait en ces lieux, les souverains pontifes et les princes unirent leur sollicitude et donnèrent des ordonnances pour sauvegarder la conservation entière de la forêt.

Lorsque les religieux cassianites, remplacés à Saint-Maximin et à la Sainte-Baume, par les dominicains, se furent retirés à leur aumônerie du Plan-d'Aups (1), à peu de distance de la Sainte-Baume, ils crurent que Boniface VIII, en 1299, avait donné seulement aux dominicains la sainte grotte et les bâtiments adjacents. Dans la persuasion que la forêt leur appartenait, ils ne firent aucune difficulté d'y mener paître leurs troupeaux, de cultiver les terres, de changer les limites du bois et de prendre même la liberté de commencer le défrichement. Boniface VIII, instruit de ce qui se passait, voulut conserver intacte cette forêt. Il défendit aux cassianites de troubler les dominicains dans la possession du bois et de continuer le défrichement, sous peine d'excommunication. Cette décision sévère fut ensuite confirmée par les souverains pontifes Benoit XI et Jean XXII.

Les princes, fidèles imitateurs des papes, prirent aussi sous leur sauvegarde royale cette magnifique forêt et défendirent d'y toucher, sous les peines les plus graves. Quelques-unes de leurs

(1) Au hameau de Saint-Jaume, près du presbytère du Plan-d'Aups, on voit les ruines de cette aumônerie dont les compartiments étaient assez vastes et nombreux, comme le prouvent les vieux pans de murs qui subsistent encore. En 1317, cette communauté était gouvernée par un prieur du nom de Guillaume, qui avait en second un commandeur appelé Pierre de Nan, avec plusieurs frères donnés et des serviteurs pour la culture des terres et la garde des troupeaux. *(Mon. inéd.)*

ordonnances montreront leur vigilance pour ce désert et leur dévotion envers sainte Magdeleine.

François Ier, ayant appris que malgré la sauvegarde royale accordée par ses prédécesseurs, plusieurs se donnaient la liberté d'abattre des arbres dans la forêt, défendit sous des peines sévères, par son ordonnance du 24 octobre 1538, à toute personne non-seulement d'y couper du bois et d'y conduire des bestiaux, mais même d'y entrer sans la permission des religieux.

Henry II, fils de François Ier, par ses lettres du 26 mars 1554, renouvelle les priviléges de sauvegarde royale pour le bois de la Sainte-Baume. Le parlement, par arrêt du 20 février 1555, fait défense expresse de couper aucun arbre dans le bois.

Charles XI, pendant son séjour à Arles, apprend que les capitaines, chargés de la construction de ses vaisseaux, ont fait abattre des arbres dans la forêt. Par son ordonnance du dernier jour de novembre 1564, il veut qu'on laisse intacte la forêt de la Sainte-Baume, pour la décoration de ce lieu où quantité de personnes, dit-il, se rendent par dévotion. Pour empêcher efficacement la destruction de ce bois, il défend, sous les peines les plus graves, aux capitaines de ses vaisseaux et généralement à tous d'y couper aucun arbre pour quelque cause et quelque occasion que ce soit.

Ces règlements étaient sages, dictés sans doute par un esprit de conservation et de prévoyance, mais surtout par un esprit de foi. Cette surveillance active et sévère propageait dans bien des cœurs la salutaire dévotion envers sainte Magdeleine. Ces princes pensaient, comme cela est vrai, que la beauté des sites, l'élévation et la variété des arbres, leur antiquité, donnaient à ce désert un aspect mystérieux qui émouvait l'âme et la prédisposait à l'amour de la paix, du silence et du devoir.

Aujourd'hui, si la Sainte-Baume a peu perdu de ses beautés naturelles, si elle conserve encore toute la poésie d'une majestueuse création, elle ne présente plus, du moins, depuis un demi-siècle, dans plusieurs endroits de la forêt, cette belle physionomie des temps antiques. La hache du bûcheron, en abattant ces vieux troncs, la plupart pleins de sève et de vie, qui ont inspiré peut-être à bien des visiteurs des retours sérieux vers la religion et la justice, a fait disparaître ces longues et belles voûtes de verdures si fréquentes en ces lieux ; ce qui fut toujours pour les cœurs des provençaux un motif de tristesse et de préoccupation. Pourquoi faut-il en effet que le bruit de la cognée vienne si souvent interrompre le silence de cette solitude, enlever, sans l'espérance même d'un profit matériel, l'ornement de ce beau sanctuaire et détruire les germes d'une foule d'observations que les naturalistes vont faire, toutes les années, dans ces lieux privilégiés.

Espérons néanmoins qu'à l'avenir, une interprétation plus saine des intentions religieuses de l'autorité, ne permettra plus à des subordonnés d'introduire l'œuvre de l'art dans un bois sacré, où la nature seule doit produire et développer des beautés.

CHAPITRE XXVII.

DES CHAPELLES ET ORATOIRES QUI SE TROUVENT DANS LA FORÊT DE LA SAINTE-BAUME.

A l'extrémité occidentale de la forêt, non loin de la campagne de Giniez, apparaissent, sur la lisière même du bois, quelques pans de vieux murs et un amas assez considérable de décombres. Toutes ces ruines ombragées par des arbres énormes qui les entourent, et le temps seul qui reste debout autour d'elles, semblent attendre que la main de l'homme vienne leur redonner la place qu'une autre main hostile leur avait enlevée. Avant que ces ruines fussent ce qu'elles sont, elles dessinaient une assez vaste et jolie chapelle, construite en 1554, lorsque Henri II prit d'une manière plus particulière sous sa haute protection cette forêt monumentale. Le prince voulut que ses armes fussent placées sur le frontispice avec cette inscription autour : *Sauvegarde du Roi.* Le respect alors était assis sur le seuil de la sainte chapelle, et le voyageur, qui l'apercevait toujours dès que son pied touchait la première feuille d'érable, poursuivait son pélerinage et le terminait avec les mêmes sentiments religieux qu'il avait à la première heure.

Tout près de cette chapelle, et sur le bord même du sentier tracé depuis le Plan-d'Aups jusqu'à la sainte grotte, un oratoire élégamment construit, lui disait aussi que la sainteté de ce lieu l'invitait, avant de pénétrer dans la forêt, à se livrer au recueillement et à se mettre sous la protection de la Sainte.

En suivant le sentier qui conduit au Saint-Pilon, on rencontre, à gauche, une seconde chapelle dite des Parisiens. On lui donne ce nom probablement parce qu'elle fut érigée par les libéralités d'un habitant de Paris. Cette chapelle, placée dans un site assez beau, est encore en bon état, si l'on excepte le couvert en planchettes de chêne-blanc qui est détérioré en quelques endroits. Esprit Blanc, conseiller du roi et contrôleur général des décimes en Provence, la fit construire en 1630, et la mit sous l'invocation de la sainte Pénitente, pour satisfaire sa grande dévotion envers sainte Magdeleine. C'est aussi à sa générosité que l'on doit le bel autel en bois de noyer très-bien sculpté, qui était dans l'intérieur de la chapelle, il y a un demi-siècle, ainsi que le bas-relief en marbre représentant saint Maximin donnant la communion à sainte Magdeleine (1). On disait anciennement, dans cette chapelle, les messes de fondation, et en particulier les quinze messes laissées par le fondateur de ce monument.

Indépendamment de ces deux chapelles, l'on rencontre encore en divers endroits de la forêt, sept oratoires dont les uns subsistent à demi ; d'autres horriblement dégradés ne présentent que quelques pierres à leur base. Ce fut Jean Ferrier, espagnol de nation, élevé à cause de son mérite et de ses talents à la dignité d'archevêque d'Arles, qui les fit construire à ses dépens, en 1516. Ce sont de petits édifices voûtés, construits en pierre de taille, décorés de pilastres ou de demi colonnes, d'un travail assez bien exécuté, surmontés d'un fronton, ayant dans l'intérieur de la voûte un bas-relief en pierre blanche, représentant une circonstance de la vie de sainte Magdeleine. Ces beaux monuments de la piété du prélat, construits

(1) L'autel fut détruit en 1793. Le bas-relief se trouve actuellement à la Sainte-Baume, dans la partie de la grotte occupée anciennement par les religieux cassianites.

avec solidité, auraient traversé bien des siècles, si la malice des hommes n'eût profané les images et dispersé les pierres. Les grandes herbes croissent aujourd'hui entre les fissures de ces oratoires détruits. Hautes et immobiles, ces herbes semblent vouloir cacher les ravages que le temps n'a pas faits. Au milieu de toutes ces ruines que l'on rencontre autour de ces antiques monuments, le cœur devient triste à l'aspect de tant de mutilations causées par la main des hommes. Ne fût-ce que sous le point de vue artistique, si malheureusement le sentiment religieux n'est pas le premier mobile, les auteurs de ces lâches attentats auraient dû laisser subsister ces monuments destinés à voir passer les siècles et à transmettre aux générations futures, l'histoire et les heureuses inspirations des générations éteintes. „

Une main chrétienne peut-être un jour relèvera-t-elle ces saintes ruines! Si cependant ces décombres devaient rester ce qu'ils sont, que l'avenir du moins connaisse la position qu'occupaient ces oratoires et les diverses circonstances de la vie de sainte Magdeleine représentées sur les bas-reliefs. Le premier des oratoires, représentant la délivrance de Magdeleine possédée de sept démons, était placé au pied de la montagne, du côté de Nans. Au-dessus de la niche apparaissaient en sculpture le nom de Jean Ferrier et ses armoiries. Le second était au milieu de la montagne; on y voyait Magdeleine aux pieds du Sauveur, dans la maison du pharisien. Le troisième est celui que l'on voit, après avoir gravi la montagne ; la Magdeleine y est représentée, chez sa sœur Marthe, assise aux pieds du Sauveur, écoutant avec attention la parole de vie. Le quatrième est à l'entrée du bois, du côté de Giniez ; son bas-relief représentait le calvaire et Magdeleine au pied de la croix. Le cinquième est à l'embranchement des quatre chemins, tout près de la fontaine; on y voit deux anges qui apparaissent à Magdeleine qui est au sépulcre du Sauveur, dans une sainte anxiété. Le sixième était placé après la chapelle dite des Parisiens, en montant au Saint-Pilon; Magdeleine y est représentée auprès de Jésus ressuscité. Le septième et dernier était au sommet de la montagne, tout près du Saint-Pilon ; son bas-relief représentait l'arrivée de sainte Magdeleine en Provence.

Ces divers oratoires, placés à une distance assez grande les uns des autres et dans des sites agréables, donnaient à cette forêt, indépendamment de sa beauté naturelle, un aspect religieux qui excitait doucement à la piété. S'il est des visiteurs qui passent quelquefois avec indifférence et dissipation devant ces haltes du désert, qui, quoique mutilées, demandent encore une larme, un sentiment chrétien; il en est d'autres qui, n'imitant pas ces tristes exemples, savent écouter les graves leçons données par ces monuments en désordre, et laissent pénétrer, dociles et recueillis, des douces émotions inspirées par le souvenir de l'illustre Pénitente et par celui des tristes errements de diverses époques.

Un religieux minime raconte que Monseigneur l'archevêque d'Aix, Paul Hurault de l'Hôpital, fit à pied le pélerinage d'Aix à Saint-Maximin et à la Sainte-Baume. Arrivé à l'entrée du bois, harrassé de fatigues, ses pieds meurtris, le prélat n'écoute pas la délicatesse et refuse la monture qu'on lui offrait avec instance. Son désir ardent était de terminer à pied, malgré sa grande fatigue, son pélerinage de dévotion. Comme il commençait à monter, il sent son cœur si touché, à la vue du premier oratoire, qu'il se prosterne, verse des larmes et prie pendant une heure. La dévotion du prélat était si grande, sa vénération pour sainte Magdeleine si profonde, qu'il ne put se dispenser de réitérer ces actes de piété devant tous les oratoires qu'il rencontrait (1).

Quel exemple de piété pour tous ceux qui visitent ces saints lieux ? S'il n'a pas de nombreux imitateurs, que n'inspire-t-il du moins quelque respect.

(1) M. Faillon, *Mon. inéd.*

CHAPITRE XXVIII.

DU COUVENT ET DE L'HOSPICE PLACÉS AUX DEUX CÔTÉS DE LA SAINTE GROTTE.

Après avoir franchi cette magnifique et mystérieuse forêt, le visiteur, en face de cette roche immense qui ouvrit son flanc à la bienheureuse Magdeleine, contemple alors, avec une religieuse surprise, en suivant ce sentier si péniblement élaboré par les religieux cassianites, ces antiques arceaux et ces pierres superposées, sur le bord du précipice, conservant encore le prestige des vieux ans.

A la dernière marche de ce sentier, dès qu'on a dépassé le seul portail qui subsiste, deux monuments se présentent à son attention. Le couvent d'abord apparaît en face, plein d'élégance et de majesté, posant ses lourdes assises sur une base immense de granit; son front néanmoins n'est point assombri par les traces majestueuses des siècles qui ne sont plus. L'empreinte laissée sur le mur par la main de l'ouvrier, toute fraîche encore, signale la piété des fidèles de notre époque, qui s'est hâtée de réparer les ravages des temps mauvais.

A gauche du portail, quelques entailles pratiquées dans le roc à plusieurs mètres au-dessus du sol, et les débris de vieux murs qui recouvrent une surface peu spacieuse, sont les gardiens de la position qu'occupait jadis le second monument, l'hospice, où les pélerins pouvaient réparer leurs forces et prendre quelque repos.

Si ces ruines jetées sur le sol et la fraîcheur de l'architecture du couvent nous disent qu'autrefois s'étaient passés en ces lieux des jours pleins de vie, de mouvement, de chants de fête, de pleurs aussi, elles nous disent en même temps que la destruction a passé sur ces joies et ces douleurs et que les débris seuls étaient restés pour raconter à notre siècle combien sont grandes les vanités de la terre.

Le temps toujours immobile et présent partout ici-bas, ne se lasse jamais de poursuivre sa marche destructive sur les œuvres humaines. Ses ravages souvent lents, mais sûrs, deviennent aussitôt graves et prompts dès que la main de l'homme, plus destructive encore, vient apporter au temps un secours triste et déplorable. Ces deux monuments, le couvent et l'hospice de la Sainte-

Baume, ont subi à diverses époques les effets de ces deux forces destructives, ainsi que je vais le raconter.

Les religieux cassianites, en 425, eurent l'heureux privilège de se fixer les premiers autour du saint rocher et de perpétuer, pendant sept siècles, l'œuvre des anges qui ont si souvent fait entendre leurs célestes concerts sur le sommet de la montagne de Magdeleine. Les premiers aussi ils élevèrent des pans de murs dans l'intérieur de la grotte et construisirent ensuite leurs cellules sur le bord même du rocher, ainsi qu'une hôtellerie pour les pieux visiteurs. Quoique dans des temps si reculés, les monuments anciens soient silencieux sur les diverses phases subies par ces monuments, à raison de leur peu d'importance, il est indubitable que les religieux, pendant les siècles qu'ils ont habité le rocher, ont dû travailler souvent à reconstruire leurs cellules et autres ouvrages si exposés à l'intempérie des saisons, toujours si intense, et par là même très-destructive, dans des lieux situés au nord et à une élévation si grande. Ce silence des temps antiques sur ces monuments disparaît dès l'arrivée des enfants de saint Dominique à la Sainte-Baume, jusqu'à notre époque.

Lorsque ces religieux, substitués aux cassianites, en 1295, par le souverain pontife Boniface

VIII, vinrent être les gardiens du lieu de la pénitence de sainte Magdeleine et se fixer autour du rocher, ils trouvèrent les bâtiments de l'hospice et du couvent dans une dégradation complète. Il fallait cependant observer la règle et exercer la charité envers les pèlerins qui visitaient ces saints lieux. Ne pouvant eux-mêmes, au commencement d'une fondation, fournir des sommes si grandes pour les construire ou les réparer, ils adressèrent leurs supplications à Benoit XIII, qui par sa bulle en date du 2 mai 1396, ordonna de prendre dans la province d'Aix une forte somme pour être employée à la réparation des bâtiments de la baume où sainte Magdeleine, dit-il, a fait pénitence. Ce fut aussi à leur sollicitation que le pape Eugène IV, touché de tant de ruines, prit les moyens pour les réparer, lorsqu'en 1442, un affreux incendie eut consumé entièrement le couvent, l'hospice et tout ce qui était renfermé dans la sacristie.

Le zèle des religieux et la charité des fidèles auront à réparer maintenant les ravages opérés par le temps et la malice des hommes. Des malfaiteurs qui parcouraient alors nos contrées, réussirent, après diverses tentatives, à dégrader ces édifices religieux et à piller, dans ce sanctuaire vénéré, les dons offerts par les fidèles. Pour détourner les sinistres projets de ces malheureux sans honte et sans respect, on construisit, en

1515, près de la sainte grotte, des tours, des murailles crénelées, et l'on plaça même, en 1587, un pont-levis, pour que les ravageurs ne pussent plus pénétrer dans ce saint lieu.

Ces sages précautions, en rendant l'accès du sanctuaire plus difficile, permirent aux religieux de conserver les objets précieux et furent une des causes principales de l'agrandissement de l'hospice. Ces travaux d'urgence pour la construction des tours et de l'enceinte de défense, exigèrent l'érection d'une espèce de tunnel ou voûte en pierres de taille, qui devait s'allonger depuis le pont-levis en avant du premier portail, jusqu'au second qui se trouvait à l'entrée de la terrasse. La surface de la voûte, qui était au niveau du sol de l'hospice, devint alors la base de nouveaux bâtiments qui furent construits et réunis à l'hospice, lorsqu'en 1685 un épouvantable incendie ayant tout consumé, les religieux dominicains prirent des moyens pour réparer toutes ces ruines. A cette occasion, comme en plusieurs autres, les fidèles de nos contrées, édifiés de la piété des pères, de leur affabilité, de leur amour pour les âmes, s'empressèrent de correspondre à leur appel, et offrirent des dons immenses qui permirent à ces bons religieux de reconstruire et d'augmenter le bâtiment qui eut alors douze chambres à coucher, non compris les bas offices. Tous ces compartiments n'étaient pas excessifs, si l'on considère le grand nombre de visiteurs qui se rendaient alors à la Sainte-Baume et qui tous devaient loger dans l'hôtellerie, ainsi que les religieux et les prêtres qui venaient méditer pendant quelques jours sur l'affaire si essentielle de l'éternité.

Le couvent des religieux dominicains, d'une forme différente de celui qui existe, s'allongeait presque jusqu'à l'angle occidental formé par le rocher, et se composait de douze cellules pour les pères et de cinq de réserve. Tous les portraits des souverains pontifes et des princes qui avaient visité la Sainte-Baume, étaient réunis dans l'une des cellules. Les huit religieux prêtres ou au moins six, qui devaient, pendant tous les temps de l'année, demeurer dans le couvent, ne pouvaient donner des cellules même celles de réserve, qu'aux grands dignitaires de l'Église et aux bienfaiteurs insignes de l'ordre. Les autres visiteurs devaient s'adresser au fermier de l'hospice qui demeurait toute l'année sur les lieux, pour obtenir de lui, moyennant salaire, les aliments et l'hospitalité. Si l'on désirait rapporter du pélerinage divers objets de piété, médailles, livres, croix, chapelets, etc., on s'adressait au chapeletier de la Sainte-Baume, qui était aussi à l'hospice, toute l'année, et l'on obtenait aisément tout ce qu'on demandait.

Jusqu'à la fin du siècle dernier, le beau désert

et surtout la sainte grotte, ainsi que le monastère, étaient entourés de respect et de vénération ; tout alors inspirait au pélerin des sentiments dignes et chrétiens. La vue des pères qui sortaient dès le matin de leur monastère et se rendaient avec une modestie angélique, dans la grotte pour célébrer la sainte messe ; leur assistance au chœur, dont leurs stalles étaient placées dans l'intérieur de la grotte ; la psalmodie de l'office divin ; leur oraison devant le saint sacrement, et le silence du soir, si grand, si solennel, en souvenir de la solitude profonde de Magdeleine dans ce désert, disaient assez au pélerin : ce lieu que vous visitez est saint ; passez-y vos heures en chrétiens. Et le pélerin, touché de tant d'exemples de vertus, ne rougissait pas de paraître chrétien dans un lieu où se montraient les anges ; et dans la grotte, le souvenir des angéliques vertus de la bienheureuse Pénitente, l'attirait à comprendre les graves intérêts de l'éternité.

Mais là, comme ailleurs, 1793, qui apparaît avec son œuvre de destruction, va briser la pierre antique de l'hôtellerie et du cloître, et répandre la désolation dans le beau sanctuaire de la Sainte-Baume.

CHAPITRE XXIX.

LES RELIGIEUX DOMINICAINS SONT FORCÉS D'ABANDONNER
LA SAINTE-BAUME.
INCENDIE ET DÉVASTATION DE CE SANCTUAIRE, EN 1793.
BELLE ACTION DES HABITANTS DU PLAN-D'AUPS.
M. GUIGOU, CURÉ DE SAINT-ZACHARIE,
COMMENCE A RESTAURER LA SAINTE-BAUME.

Le recueillement qui paraissait jadis dominer autour de la sainte grotte et se prolonger jusqu'au dernier aulne de la forêt, va maintenant s'enfuir de ce désert et se fixer dans les cœurs de ceux qui sont les amis de Dieu. La tempête qui gronde partout, en 1793, dirige sur la sainte montagne ses tristes ondées qui vont amonceler des ruines et interrompre la douce harmonie que les fidèles se plaisaient à entendre dans cette belle solitude. Vainement voudrait-on détourner ses regards de toutes ces horreurs qui matérialisent l'espèce humaine; de quelque côté qu'on les fixe, à cette époque de destruction, l'on ne verra partout que des profanations barbares. L'étincelle destructive, partie d'un antre qui n'était pas saint, se propage avec une atroce célérité, et semble donner, à des hommes qui n'étaient pas bons, un accroissement de fureur surtout contre des objets qui auraient dû leur inspirer une vénération profonde. Bientôt les pères dominicains, ces anges gardiens de la Sainte-Baume, qui aimaient tant à donner, n'ayant plus que des pleurs pour satisfaire à la dette de l'hospitalité, contraints par la force, quittent ces saints lieux et vont, loin de leur chère patrie, solliciter l'obole qui doit les soutenir. L'on vit alors ces hommes qui n'étaient pas bons, s'approcher de la sainte grotte; mais ce n'était pas pour la vénérer. Leurs regards animés d'un feu extraordinaire, leurs paroles énergiques et menaçantes, montrent assez qu'ils veulent, après l'œuvre de destruction, faire expier encore à ce beau sanctuaire l'heureux délit d'avoir donné asile à la componction et au repentir. C'est avec une fureur brutale qu'ils se livrent à des actes dignes d'avoir pour théâtre les grèves sanglantes de la torride ou les savanes du désert. La torche en main, ils allument un épouvantable incendie qui dure pendant trois jours et consume dans l'hospice, le couvent et la sainte grotte, tout ce qui peut être la proie des flammes. Si ce terrible élément se montre satisfait d'avoir enveloppé et noirci quelque chef-d'œuvre en granit ou en marbre, sans le détruire, ces malheureux, le marteau à la main, plus furieux que l'intensité des flammes, attaquent, pour assouvir leur haine, les statues des saints, le marbre des autels, celui des colonnes et des balustres. Tous ces débris touchent pour la dernière fois le sol de l'antre saint et roulent en désordre au pied de la montagne. C'est là que désormais l'observateur calme et solitaire dans ces lieux, heurtera de son pied, un débris de chérubin, un tronçon de statue ou l'angle d'un autel !!

Dès-lors le rocher et la sainte grotte apparaissent dans leur nudité primitive, tels que l'ange du ciel les avait préparés pour notre bienheureuse Pénitente.

Dans ces temps malheureux, si une main impie a pu détruire et disperser tout ce qu'une main chrétienne avait élevé, elle a été forcée du moins de conserver intacte la suavité des parfums des vertus de Magdeleine. Alors l'onction sainte qui a découlé sur le roc, avec les pleurs de la Pénitente, conserva son efficacité, comme elle la conserve encore aujourd'hui, car une volonté supérieure à celle de l'homme ne permit pas et ne permettra jamais qu'elle délaisse ces saints lieux.

C'est dans cette circonstance que les habitants du Plan-d'Aups se distinguèrent par une action religieuse qui les honore d'autant plus qu'elle fut faite au milieu de la combustion de la Sainte-Baume et en présence des démolisseurs. L'horrible lueur de l'incendie qui consumait tout dans la grotte et dans les monuments, le bruit sourd du marteau qui brisait le marbre, éveillèrent l'attention des habitants du Plan-d'Aups. Pleins de vénération pour cet antique sanctuaire, les plandalens eurent l'heureuse pensée d'arracher aux flammes et à la malice des hommes, quelques-uns des objets religieux qui étaient l'ornement de l'antre saint. Ils savaient que l'entreprise était périlleuse, mais ils savaient aussi que l'accomplissement d'un devoir relève le caractère de l'homme et le fortifie. Ne consultant que leur zèle et leurs sentiments religieux, une trentaine d'hommes se dirigent vers la sainte grotte, traversent les flammes, et sans redouter le courroux de ces nouveaux vandales, ils osent montrer par leur contenance ferme et digne, toute l'horreur qu'ils éprouvent à la vue de tant de désastres. A peine entrés dans le saint lieu, ils aperçoivent encore intacte la statue de la très-sainte vierge, placée dans sa niche. C'est vers leur bonne et tendre mère qu'ils dirigent leurs pas, et, pendant que des mauvais chrétiens précipitaient du haut du rocher les tronçons des statues des saints, ils s'emparent de la statue de la très-sainte vierge et se disposent à la transporter à l'église paroissiale du Plan-d'Aups. Le poids énorme de la statue, l'inconvénient d'un sentier étroit et glissant, la distance à parcourir et tant d'autres difficultés n'abattent pas leur courage. Ils la descendent, à force de bras, jusqu'à la base du rocher, l'enveloppent de branches d'arbres pour la garantir de tout contact, et, après l'avoir placée sur un tronc de hêtre, ils commencent à la traîner avec précaution, à l'aide de quatre mules. Comme il leur fallut plusieurs jours pour faire un trajet seulement de quatre kilomètres et parvenir au lieu désigné, chacun à son tour veillait pendant la nuit à la conservation du précieux dépôt. Après beaucoup de fatigues et de difficultés, ils eurent enfin la consolation d'arriver à l'église au milieu de l'allégresse générale et sans avoir éprouvé un accident (1).

La bonne mère aura sans doute réservé des bénédictions abondantes pour une population si dévouée à son culte.

Pendant plusieurs années, après la désolation de ce sanctuaire, les rares visiteurs, assis sur la mousse de la colline, accoudés sur le socle d'une statue mutilée, seul ornement de cette enceinte, méditaient sur les antiques splendeurs de la sainte grotte. Partout où ils portaient leurs regards, ils n'apercevaient que des ruines sur ce sol désolé. Un silence profond et continuel régna dès-lors

(1) C'est la statue donnée par Monseigneur de Marinis, religieux dominicain, archevêque d'Avignon.

autour de l'immense rocher et de son sanctuaire; l'on n'entendit plus le murmure léger de la prière qui montait doucement au ciel, et l'écho ne répéta plus que le frémissement de la brise à travers les arbres de la forêt.

Ce beau sanctuaire, autrefois si magnifiquement orné par les dons des fidèles et par le zèle des bons religieux, offrait en ce moment un aspect des plus désolants : plus d'autels ! plus d'ornements sacrés ! un roc noirci par l'incendie, des portes à demi brisées, des décombres immenses qui obstruaient l'étroit et long sentier, des pans de murs crevassés qui paraissaient se soutenir à peine sur leur base, des voûtes affaissées...! Dans cet état de ruines où se trouvaient ces monuments, les fidèles qui aimaient à les visiter avec tant de prédilection, assister au saint sacrifice, et se livrer à la prière auprès du roc où Magdeleine avait tant prié, durent forcément interrompre leur dévotion jusqu'en 1805. A cette époque, les temps étant devenus moins mauvais, le pieux et bon curé de Saint-Zacharie, M. Guigou, qui fut plus tard évêque d'Angoulême, organisa dans sa paroisse, une de ces fêtes qui laissent dans les cœurs des souvenirs bien profonds. Depuis plusieurs années, les graves et magnifiques cérémonies de la première communion n'avaient pas eu lieu. De nombreux enfants, d'un âge assez avancé pour la plupart, écoutent l'appel du bon pasteur et se disposent avec assiduité à cet acte solennel. A l'approche de ce jour de bonheur, ces pieux enfants, touchés par les paroles du pasteur qui leur retraçait le déplorable état de la Sainte-Baume, s'unissent à lui, ainsi que plusieurs personnes d'un âge plus avancé, et armés de leurs instruments de labeur, ils se dirigent sur les lieux, écartent avec un zèle soutenu tout ce qui obstruait le passage, enlèvent les décombres, et sont assez heureux de pouvoir frayer un petit sentier suffisant pour parvenir dans le sanctuaire. Le bon curé, content du succès obtenu par ses enfants, se prosterne à genoux avec eux, implore la protection de la Sainte et se dispose à élever un autel modeste qui lui permet de célébrer le saint sacrifice de la messe.

Aujourd'hui encore ces jeunes ouvriers d'alors, devenus vieillards, racontent avec joie ces journées de bonheur et paraissent contents d'avoir été choisis pour consacrer quelques heures à une œuvre si belle.

Ce commencement de restauration, tout insuffisant qu'il était, fut pour nos populations religieuses et dévouées au culte de sainte Magdeleine, un événement heureux, surtout après ces années d'anxiété et de désolation. Avec le calme qui revenait peu à peu, l'on put se livrer à l'espérance de voir toutes ces ruines réparées et ces saints lieux dignement ornés. Cette restauration générale eut lieu quelques années plus tard, ainsi que nous l'exposerons au chapitre XXXI, après avoir dit quelques mots sur les divers changements opérés dans ce sanctuaire depuis les cassianites jusqu'à nos jours.

CHAPITRE XXX.

DESCRIPTION DE LA SAINTE GROTTE ET EXPOSÉ HISTORIQUE DES CHANGEMENTS DIVERS OPÉRÉS DANS CE SAINT LIEU DEPUIS LES CASSIANITES JUSQU'EN 1820, ÉPOQUE DE LA DERNIÈRE RESTAURATION.

La sainte grotte de Magdeleine que l'on visite aujourd'hui, comme autrefois, conserve encore heureusement toute la beauté d'une majestueuse création. La main de l'homme qui aurait essayé de briser le granit pour élever la voûte en certains endroits ou faire disparaître les divers accidents qui donnent à cet antre un air abrupte et sauvage, aurait dégradé l'œuvre de l'ange et enlevé à ce sanctuaire toute sa poésie. Si, à diverses époques, le génie de l'homme a voulu s'exercer, on trouve son œuvre en dehors de la grotte. Quand la dévotion des princes ou des religieux leur a inspiré un travail à l'intérieur, pour la dignité ou la sûreté du culte, elle n'a pas écarté le bon goût ni régularisé les belles bizarreries de la nature que l'on aperçoit dans cet antre saint.

Dans son état primitif, la sainte grotte présentait une ouverture immense, oblongue et très-inégale, qui fut limitée dès les premiers temps par la construction des deux bâtiments, l'hospice et le couvent, élevés aux deux côtés par les religieux cassianites. L'entrée néanmoins conserva quelque temps cet aspect sombre et sévère que les pères n'avaient pas voulu faire disparaître, parce qu'ils trouvaient peut-être, en considérant l'état affreux de cette grotte, un aliment à leur pénitence et qu'ils voulaient aussi que les visiteurs éprouvassent des effets salutaires à la vue de ces saintes horreurs.

Ce ne fut qu'en 1515 que François 1er, prince religieux et dévoué au culte de sainte Magdeleine, fit construire une porte magnifique élevée au-dessus de la terrasse de huit ou neuf marches: Deux petites colonnes en marbre, d'un travail soigné, supportaient un riche entablement. Au milieu du fronton on y voyait une représentation de sainte Magdeleine transportée par les anges sur le sommet de la montagne.

L'intérieur de la grotte, en forme de voûte, d'une enceinte assez vaste, peut contenir environ mille personnes. Comme elle offre, dans la succession des siècles passés, certains détails d'ornementations qui peuvent intéresser la piété des visiteurs, il ne sera pas superflu d'en donner un aperçu historique (1).

1° De l'Autel de sainte Magdeleine.

Dès les premiers temps, il y avait dans la grotte quatre autels qui suffisaient à peine aux religieux prêtres qui demeuraient pendant toute l'année en ces lieux, et aux pélerins qui se pressaient, à certaines époques surtout, dans ce sanctuaire et ne voulaient pas le quitter sans avoir assisté au saint sacrifice de la messe. Si l'autel de sainte Magdeleine, que l'on aperçoit à gauche, en entrant, tout près du rocher de la Sainte-Pénitence, a toujours occupé cette place depuis l'arrivée des cassianites, il n'a pas conservé de même sa forme et sa matière. Les premiers religieux, pauvres et isolés, élevèrent un autel tout-à-fait simple, et ne prirent aucune précaution pour garantir le prêtre qui offrait le saint sacrifice ainsi que les fidèles

---

(1) La sainte grotte a 21 mètres de longueur, 24 mètres de largeur et 6 mètres de hauteur.

assistants, des gouttes d'eau qui se détachent habituellement du rocher. Cet inconvénient assez grave disparut seulement en 1447, lorsque Louis XI, alors dauphin de France, ordonna de construire une coupole sur l'autel de sainte Magdeleine, autant pour satisfaire sa dévotion envers la Sainte, que pour la dignité des saints mystères et la décoration de ce lieu. Ce prince, qui était alors à la Sainte-Baume, voulut lui-même tracer le plan grandiose et sévère qui fut mis aussitôt en exécution avec fidélité. Il fit élever aux angles d'un carré assez vaste, quatre piliers dont les piédestaux étaient incrustés d'un marbre noir veiné de blanc. Une belle balustrade en marbre blanc reliait les piliers l'un à l'autre, et au-dessus des quatre piliers s'élevait la coupole, en forme de dôme, qui garantissait l'autel et tout l'intérieur du carré des gouttes d'eau qui tombent sans cesse du rocher. Ce magnifique travail, fait avec élégance et solidité, a subsisté jusqu'à la fin du siècle dernier.

Cependant l'autel qui était sous la coupole, plusieurs fois reconstruit, ne correspondait pas à la majesté du monument élevé par Louis XI, ni à la dignité du culte. Le duc de Lesdiguières, François de Créqui, dans une de ses visites à la Sainte-Baume, en 1646, voulant manifester sa haute et sincère vénération pour la Sainte, fit remplacer l'autel modeste par un autre autel en marbre, décoré de colonnes d'ordre corinthien, riche par la matière dont il était composé et par la perfection du travail. Le devant d'autel, la balustrade et le tabernacle qui le surmontait, étaient de marbre blanc varié de jaspe d'un très-bel effet.

Comme tout le reste, le marteau de 1793 l'a brisé! Les pieux fidèles qui, après la tempête, allaient visiter ces saints lieux, conservaient, comme un souvenir précieux, les débris qu'ils avaient recueillis et les transmettaient à leurs descendants comme un gage de leur piété et de leur dévotion envers sainte Marie Magdeleine.

2° *Du Rocher, appelé la Sainte-Pénitence, sur lequel Marie Magdeleine vaquait aux larmes et à l'oraison.*

Immédiatement derrière l'autel de sainte Magdeleine, une triple grille en fer, s'élevant jusqu'au cintre de la voûte, sépare l'autel et l'éminence du rocher, appelé la Sainte-Pénitence. Ce roc, élevé au-dessus du sol à trois mètres à peu près, est le seul lieu de la grotte qui soit toujours sec, tandis que partout ailleurs l'eau suinte à travers le granit et tombe même en plusieurs endroits goutte à goutte sur les dalles. La tradition a toujours désigné ce lieu comme étant celui où sainte

Magdeleine vaquait aux larmes et à la prière. C'est là aussi, d'après le témoignage des auteurs anciens, que notre divin Sauveur apparut plusieurs fois à la sainte Pénitente (1). En souvenir de ces grandes faveurs, on avait placé sur la porte qui fermait autrefois ce saint lieu, ces paroles du psalmiste : « nous adorerons le Seigneur dans l'endroit même « où ses pieds se sont reposés (2). »

Ces diverses circonstances ont rendu ce roc célèbre dès les premiers temps. Aujourd'hui les fidèles le visitent encore avec une grande vénération, souvent à pieds nus, dans l'espérance sans doute d'obtenir la protection de la Sainte et de participer à son esprit de componction et d'amour.

Avant la fin du siècle dernier, la Sainte-Pénitence était ornée de vingt-une lampes d'argent, qui brûlaient nuit et jour ; d'un grand nombre de petits tableaux appelés *ex-voto*, offerts par la reconnaissance des fidèles qui avaient eu part à la protection de la Sainte, en obtenant par ses prières la guérison de diverses maladies. Aux pieds

(1) Magdalena... vidit Christum Jesum, cum multitudine angelorum, ad cœlestis regni gloriam, piè et misericorditer ad se vocantem. (Rab. M. —) (dans l'anc. vie de sainte Magdeleine du Ve au VIe siècle, ext. des act. de saint Max. *(Mon. inéd.)*

(2) Adorabimus in loco ubi steterunt pedes ejus. Ps. 131, v. 7.

de la Bienheureuse étaient déposés aussi des bijoux nombreux et divers objets de vanité, pieuses offrandes des pénitents qui furent assez heureux pour comprendre, dans l'antre de douleur, le néant des choses humaines et la nécessité de préparer à Dieu un cœur contrit et humilié.

L'accès de ce lieu si vénéré fut ouvert au pieux pèlerin jusqu'à l'année 1337. A cette époque, le roi Robert, pour ne pas l'exposer à la profanation, comme aussi pour éviter des accidents graves toujours imminents quand les visiteurs arrivent en grand nombre sur une surface assez limitée, s'élevant à trois mètres au-dessus du sol, le fit entourer de grilles de fer et voulut que la porte ne s'ouvrit que dans des cas extraordinaires. Cette sage précaution, suivie depuis par tous les gardiens de la Sainte-Baume, a rendu ce lieu plus vénéré encore et a fait disparaître plusieurs abus.

3° *De la Statue représentant sainte Magdeleine, dans la Sainte-Pénitence.*

L'homme, dépendant du jeu de ses organes dans les fonctions intellectuelles, a besoin, dans l'exercice de la piété, d'être réveillé, fixé même par des objets sensibles. Otez-lui tout appareil extérieur de religion, son âme ou se dissipe ou demeure glacée; rendez-lui la mélodie des cantiques;

la pompe des cérémonies, les statues des saints qu'il connaît par les vertus plus éminentes ou par un crédit plus efficace auprès de Dieu, son imagination se réveille et se recueille, son esprit se fixe et se rend attentif, son cœur s'émeut et s'ouvre aux saints élancements, et son âme toute entière se porte et s'unit à Dieu.

C'est pour exciter ce zèle et cette ferveur que les religieux cassianites, qui connaissaient le cœur humain, voulurent placer, dans le lieu de la Sainte-Pénitence, une représentation de Magdeleine dans les pleurs et la prière. Ne pouvant se procurer une statue mobile, qui eût des propriétés saillantes et remarquables, ils taillèrent dans le roc même certains traits qui, quoique grossièrement travaillés, donnèrent au moins une idée de Magdeleine pleurant sur son rocher (1). Plus tard, les religieux remplacèrent l'empreinte antique par une statue mobile représentant la Pénitente à demi couchée sur le roc. Il serait difficile de raconter les larmes qui ont été répandues et qui se répandent encore à la vue de cette statue de grandeur naturelle, image de la Bienheureuse dans une position touchante et recueillie. Cette

(1) Des témoins occulaires attestent avoir vu, il y a un demi-siècle, quelques restes de cette statue antique, taillée dans le roc.

tête de mort qui est à ses côtés, ce vase d'albâtre qui avait contenu les parfums dont elle avait embaumé les pieds du Sauveur, cette natte étendue sur le roc, qui était pour la Sainte un instrument de pénitence, sont autant d'objets qui ont inspiré et inspirent des réflexions sérieuses sur la vanité des choses humaines, sur la nécessité de la pénitence et de l'amour de Dieu.

L'idée des religieux fut trouvée si heureuse et capable de produire des fruits si excellents de sanctification, que tous les gardiens de la Sainte-Baume ont aussitôt pris des moyens pour la remplacer par une autre, lorsque la statue présente était mutilée par un accident ou la malice des hommes. En 1618, Jean-Baptiste du Chaisne, président au parlement d'Aix, s'apercevant que l'ancienne statue, presque entièrement mutilée, était un ornement peu digne de ce beau sanctuaire, en fit exécuter une en pierre pour la remplacer. Cependant cette nouvelle statue, peu remarquable sous le rapport de l'art et de la matière, ne correspondait pas à la haute idée que les visiteurs avaient de sainte Magdeleine. Louis du Chaisne, évêque de Senez, frère de Jean-Baptiste du Chaisne, tout dévoué à l'illustre Pénitente, fit transporter à Saint-Maximin, dans une petite voûte, à droite en descendant dans la chapelle souterraine, la statue en pierre offerte, en 1618, par son frère. Il en fit exécuter une autre, en 1663, qui était si belle, qu'on eût dit que la main de l'ouvrier n'y avait pas touché, mais que c'était un ange qui en avait fait toute la délicatesse. Elle représentait sainte Magdeleine, couverte de ses longs cheveux et d'un tissu de natte, couchée sur sa roche, la tête soutenue de son bras droit, tenant de la main gauche le vase appelé la sainte-ampoule. Ses yeux qu'elle élevait au ciel, semblaient être deux sources intarissables de larmes. Néanmoins cette figure, d'une expression triste et profonde, conservait toute la noblesse et la beauté de ses traits (1).

Indépendamment de ce don magnifique, Louis du Chaisne offrit encore une lampe en argent avec ses chaînons, pour être suspendue devant cette statue, et légua un fonds suffisant pour l'entretien de cette lampe qui devait brûler incessamment nuit et jour sur le rocher de la Sainte-Pénitence.

Dans tous les temps on s'est fait un devoir d'implorer la protection de la Sainte dans son antre et de se prosterner devant son image. Cependant ces prières et ces actes extérieurs de piété n'avaient pas pour objet cet ensemble de traits visibles que forma, ou le pinceau sur la toile,

(1) *Mon. inéd.*

ou le ciseau sur la pierre, ou le burin sur le cuivre. Lorsque les fidèles étaient prosternés devant le marbre ou l'airain, ils élevaient leurs cœurs vers ces saints eux-mêmes, ces illustres amis de Dieu qui, à l'occasion de ces images sacrées, sont présents à notre imagination, et que nous honorons et devons seulement honorer d'un culte relatif à ce Dieu suprême par qui seul ils sont grands, saints, dignes de nos hommages.

N'oublions pas dans nos pélerinages, comme toujours, que si nous implorons les saints comme nos protecteurs et nos médiateurs auprès de Dieu, ce n'est que pour aller plus efficacement, par leur médiation, à Notre Seigneur Jésus-Christ, notre vrai et premier médiateur, le médiateur par excellence.

4° *Le B. Élie de Toulouse.*

Parmi les nombreux visiteurs qui vont à la Sainte-Baume vénérer le rocher de la Sainte-Pénitence, il en est assurément peu qui aient eu pour ce lieu une dévotion aussi profonde et assidue que le bon frère Élie, religieux dominicain, natif de Toulouse. Pendant les soixante-et-dix ans que ce religieux passa à la Sainte-Baume, il faisait habituellement ses longues oraisons sur le rocher même de la Pénitence, voulant par cette application à la prière et à la mortification imiter notre Bienheureuse et recevoir comme elle, après sa mort, la récompense que notre divin Sauveur a promise à ceux qui le servent fidèlement. Ce bon religieux dut cette assiduité à l'oraison, son zèle et sa ferveur à une protection particulière de sainte Magdeleine qui daigna lui apparaître, le consoler et le fortifier dans ses résolutions.

A peine y avait-il un mois qu'Élie était dans ce désert, lorsqu'il eut un dégoût extrême pour la solitude et un désir violent de se retirer. Ces pensées désolantes le poursuivaient partout et remplissaient son âme de tristesse et d'anxiété. Pendant une nuit surtout, tourmenté plus que d'ordinaire, il était résolu, dès que le jour apparaîtrait, d'abandonner sa retraite. Sainte Magdeleine lui apparut toute resplendissante de lumière et lui révéla des particularités sur son séjour à la Sainte-Baume, ses combats et ses faveurs.

Le père Priérat, dans sa *Rose d'Or*, les pères Reboul, Colombi et Cortez, dans leurs vies de sainte Magdeleine, racontent ainsi l'apparition de notre Bienheureuse au bon frère :

« Elie vit, pendant la nuit, la montagne de la Sainte-Baume se partager tout-à-coup en quatre parties et lui présenter en même temps les quatre parties du monde, avec le ciel en-dessus et la mer en-dessous. Effrayé à ce spectacle, il appelle à son secours sainte Magdeleine qui lui apparut resplendissante de lumière et qui, pour l'engager à persévérer dans son dessein, lui raconta les difficultés qu'elle avait rencontrées elle-même en se fixant en ces lieux. Elle lui dit que, transportée par la puissance de Dieu et déposée à l'entrée de la grotte, elle y apperçut le dragon dont sa sœur Marthe triompha et que ce dragon disparaissant aussitôt, la laissa toute effrayée; qu'alors elle demanda à Dieu de faire jaillir une fontaine dans la grotte, ce qu'elle obtint sur-le-champ; que, voulant remercier notre Seigneur de cette grâce, elle aperçut plus de mille esprits qui chantaient en hébreu, et que, comme les esprits la détournaient de faire de si longues oraisons, comprenant alors que c'étaient des démons, que même tout l'air, hors la grotte, était rempli de ces esprits immondes, elle appela Jésus-Christ à son secours; qu'aussitôt saint Michel accourut avec ses anges, mit en fuite les démons et dressa une croix à l'entrée de la grotte, en disant à sainte Magdeleine : gardez-vous de craindre à l'avenir, parce que le Très-Haut est votre gardien. » Sur cette croix étaient représentées les histoires de saint Joachim et de sainte Anne; on y voyait les divers mystères de Notre Seigneur Jésus-Christ, les circonstances de sa passion, sa résurrection, son ascension. Magdeleine méditait sans cesse sur ces objets et commie elle répandait continuellement des larmes le jour et la nuit, une fois s'étant approchée de la source d'eau pour laver son visage, elle vit le Sauveur environné des saints anges portant des couronnes de fleurs et des branches d'olivier et de palmier, et aussitôt la sainte humanité parut aussi resplendissante qu'elle l'avait été sur le Thabor au jour de la transfiguration. Le Sauveur réitéra souvent cette visite à la Bienheureuse et jusqu'à cent dix fois, et en outre, les anges l'élevaient dans les airs sept fois le jour et sept fois la nuit, et dans ces élévations elle entendait une mélodie céleste. »

« Après que sainte Magdeleine eut fait à Élie cet exposé, elle lui dit de persévérer dans sa résolution, puisque d'ailleurs il avait un avantage dans ce lieu qu'elle n'avait pas eu elle-même, la société de ses frères. Après ces paroles, la Bienheureuse disparut. »

Le bon frère, fortifié par cette apparition et par ces paroles consolantes de la Sainte, se livra avec ardeur à la pénitence et fut assez heureux pour surmonter les combats continuels qu'il eut à soutenir, pendant les longues années qu'il passa dans ce désert. Le souvenir des faveurs précieuses qu'il avait reçues lui inspirait l'amour de la persévérance dans ses résolutions, le détachement de tout ce qui est terrestre et une soumission constante à la volonté de Dieu. Pendant tout le temps de sa vie érémitique à la Sainte-Baume, il ne raconta jamais à personne les faveurs particulières qu'il avait reçues de sainte Magdeleine; ce fut seulement quelques heures avant de mourir qu'il les révéla à ses frères, les religieux assemblés autour de lui. Après les avoir exhortés à se mettre sous la protection de la Sainte et à ne pas délaisser ce sanctuaire, il rendit son âme à Dieu, le jour même de la fête de sainte Magdeleine, le 22 juillet 1570, après soixante-et-dix ans d'oraisons et de pénitences dans le désert de la Sainte-Baume (1).

5° *De la Fontaine de sainte Magdeleine, de l'Autel de Notre-Dame du Rosaire et de la seconde Grotte qu'occupaient les religieux cassianites.*

A quelques mètres seulement du lieu de la Sainte-Pénitence, dans une espèce de triangle assez spacieux, formé par le roc, se trouve la

(1) Dans le plus beau site de la forêt, là où apparaissent en plus grand nombre ces blocs énormes de rocher, détachés de la montagne, existe, à peu de distance du sentier qui traverse le désert, une grotte basse, oblongue, et qui peut contenir environ cinquante personnes.

fontaine, désignée sous le nom de fontaine de sainte Magdeleine. C'est un réservoir contenant l'eau qui suinte habituellement des diverses fissures du rocher et celle qui tombe régulièrement de la voûte, plus humide encore à cet endroit qu'ailleurs. Durant les grandes chaleurs, le réservoir ne tarit jamais, et lors des grandes pluies, son niveau ne dépasse pas le petit mur, élevé au-devant de l'angle. En été comme en hiver, ces eaux sont excellentes et ne se corrompent jamais. La piété des fidèles leur a fait penser que Dieu avait donné par fois à cette fontaine, par l'intercession de la Bienheureuse, la faculté de produire des effets surnaturels. Aussi de tout temps, le peuple chrétien a témoigné de l'empressement pour avoir de cette eau, par la raison que les malades les plus dangereux, dit le père Gavoty, qui en ont envoyé prendre, ont eu souvent leur foi récompensée.

L'autel qui est tout près de la sainte fontaine, est dédié à Notre-Dame du Rosaire. Un des plus anciens que l'on ait élevé dans la grotte, il a été visité toujours avec empressement par les pélerins

On y parvient facilement et sans danger. Ce réduit solitaire et magnifiquement ombragé, servait d'asile au B. Élie de Toulouse, dominicain. Comme c'était là que le serviteur de Dieu se livrait assez ordinairement aux larmes et à la componction, les provençaux ont donné à ce lieu, le nom de grotte du bon frère Élie. (Trad. orale.)

qui se trouvaient heureux de déposer leurs vœux aux pieds de leur bonne et tendre mère. Cet autel, tout en marbre blanc, n'avait rien de bien saillant sous le rapport de l'art et de la matière ; seulement la statue de la très-sainte vierge, qui est au-dessus, est d'une grande beauté. L'expression de majesté et de douceur qui ressort de tous les traits de Marie excite puissamment au respect, à la prière et à la confiance. Ce fut Monseigneur de Marinis, archevêque d'Avignon, religieux de l'ordre des frères prêcheurs, qui la fit exécuter par un artiste de distinction et la fit placer sur l'autel a la Sainte-Baume.

La seconde grotte qu'occupaient les premiers religieux cassianites et qu'ils durent abandonner à cause de la grande humidité de ce lieu et de l'air insalubre qu'on y respire, est à quelques mètres seulement de l'autel de Notre-Dame du Rosaire. Pour parvenir dans cette grotte, inhérente à la première, mais beaucoup plus profonde, il faut descendre vingt-cinq marches presque perpendiculaires et assez en mauvais état. Cet enfoncement est assez beau si l'on considère la hauteur prodigieuse, les divers angles et les saillies abruptes et fréquentes formées par le rocher. Quoique sa longueur ne soit que de sept toises et sa largeur de six, les religieux avaient su trouver, dans un espace si étroit, toute la place nécessaire pour leurs cellules et un autel tout en pierre, représentant notre Seigneur dans le sépulcre. Au piédestal de cet autel était la représentation de saint Maximin donnant la communion à sainte Magdeleine. Aujourd'hui apparaissent seulement en ce lieu, quelques statues mutilées, des embrasures dans le rocher et quelques vestiges de vieux murs, tristes débris délaissés par une époque impie. Si l'on remonte cet enfoncement par le côté opposé à l'autel de Notre-Dame du Rosaire, l'on trouve, après avoir franchi les vingt-cinq marches, l'emplacement où était jadis une petite et fort jolie sacristie, bien tenue et surmontée d'une horloge avec son petit clocher couvert de plomb pour le garantir contre l'humidité et l'intempérie des saisons. Un confessionnal, adossé au mur, occupe la place de cet antique et nécessaire monument.

L'âpreté des frimats, dans un lieu si élevé, et surtout la main impie des hommes, pendant la tourmente du siècle dernier, ont fait disparaître tous les dons offerts par les fidèles et ont détruit ou mutilé tous les objets d'art qui ornaient si dignement ce beau sanctuaire. A ces temps de destruction va succéder une ère plus consolante, qui redonnera son antique splendeur à l'antre saint de Marie Magdeleine.

CHAPITRE XXXI.

RÉTABLISSEMENT DE LA SAINTE-BAUME, EN 1820.
CÉRÉMONIES DE LA BÉNÉDICTION DE LA SAINTE GROTTE,
EN 1822.
RECONSTRUCTION DU COUVENT, PRÈS DE LA GROTTE.

Au milieu de tant de ruines, l'autel simple et modeste, élevé en 1805 par les soins du bon curé de Saint-Zacharie, fut, pendant quinze ans, le seul ornement du sanctuaire de la Baume. Si le fidèle pouvait alors, en accomplissant son pélerinage, recueillir une bénédiction, son cœur ne cessait pas d'être ému en voyant le saint lieu dépouillé de cet aspect de majesté qui excite l'âme à s'élever au-dessus des sens et la ramène près de son Dieu. Ce vœu, qui était celui de nos populations religieuses et dévouées au culte de sainte Magdeleine, eut un heureux succès en 1819; alors que les temps furent plus calmes, tout concourut à cette époque à relever de grandes ruines et à donner à la Sainte-Baume tous les ornements nécessaires; l'autorité ecclésiastique attribua officiellement ce sanctuaire au recteur du Plan-d'Aups; les libéralités des princes, le concours généreux des premières autorités du département, les dons des fidèles produisirent des sommes suffisantes qui, employées avec zèle et discernement, firent disparaître, en grande partie du moins, les traces désolantes des temps malheureux.

Le premier objet qui fixa l'attention des bienfaiteurs de la sainte grotte, fut la construction de dix-huit marches en pierres de taille, pour faciliter la montée depuis la terrasse jusqu'au perron assez spacieux, en avant du sanctuaire. Après ce travail de première nécessité, on s'occupa de l'entrée principale, composée de deux portes jumelles, dont la corniche, les pieds-droits et les marches sont tous en marbre blanc. La corniche est soutenue par des consoles ornées de feuilles d'acanthe et la frise décorée d'arabesques supérieurement sculptées. Au-dessus de la corniche s'élève un fronton soutenu par des pilastres de marbre turquin, servant d'encadrement à une jolie niche de même matière qui renferme une statue en marbre blanc, représentant sainte Magdeleine debout, tenant son vase d'albâtre entre ses mains.

Dans l'intérieur de la grotte, l'autel de la Bienheureuse, élevé jadis par les soins du duc de Lesdiguières, fut remplacé par un autre dont le tombeau est en portor; les gradins sont en marbre blanc plaqué en jaune; et l'exposition, qui s'élève presque jusqu'à la voûte, en forme de coquille, est soutenue par deux chérubins en marbre, d'un travail achevé. Cet autel, qui produit un très-bel effet, est placé sous une espèce de portique, qui peut avoir six mètres en carré, représentant une chapelle formée par plusieurs pilastres qui soutiennent une voûte en arc de cloître. Les façades en sont percées de plusieurs ouvertures décorées de pilastres en marbre noir portor, ornées de bases, de consoles, et fermées par une balustrade en marbre servant d'appui de communion. Une imposte et une archivolte règnent tout autour. Au-dessus de l'archivolte s'élève un attique surmonté d'une corniche qui entoure la façade et les côtés. Le tout forme une décoration en marbre et produit un contraste singulier avec la rudesse et les saillies des rochers de la grotte. Ce portique, dont les seuils et le pavé sont en marbre blanc et bleu, est enrichi, à la façade, de diverses pièces d'architecture de même matière, d'une exécution assez délicate, représentant des anges qui tiennent des palmes, des guirlandes et des couronnes de lauriers dans leurs mains.

Le rocher de la Sainte-Pénitence, autour duquel on n'aperçoit plus ni tableaux appelés *ex-voto*, ni lampes, ni son rouleau azur portant en inscription : *locus pœnitentiæ*, ni les grilles de fer placées par ordre de François 1er, pour défendre l'accès de ce saint lieu, reçut seulement une partie de ses ornements. A la place de l'ancienne et magnifique statue donnée par Monseigneur du Chaisne, évêque de Senez, l'on en mit une nouvelle en marbre blanc, du meilleur style et due au ciseau d'un grand maître, représentant la Sainte, couchée sur le roc, une croix à la main, la tête appuyée sur son bras droit, ayant d'un côté une tête de mort et de l'autre le vase appelé la sainte-ampoule. C'est une famille honorable de Saint-Zacharie, M. Cachard Louis-Hypolite, qui sut trouver, dans ses sentiments de piété et de dévotion envers la Bienheureuse, assez de courage pour surmonter des difficultés fort grandes, et fit parvenir dans un lieu si élevé, par un sentier si abrupte, cette statue de grandeur naturelle et d'un poids énorme.

Pour défendre l'accès de ce saint lieu et le garantir de toute espèce de profanation, on plaça à l'entrée une simple balustrade en bois, qui bien souvent n'opposa qu'une faible résistance au pieux empressement des visiteurs qui espéraient être plus heureux, s'ils avaient la consolation de toucher seulement la statue de notre Sainte.

La plupart de ces marbres, employés avec succès par le sculpteur Bastiani à la restauration de la Sainte-Baume, proviennent de la Chartreuse de Montrieux. Ne semble-t-il pas que la Providence a voulu que des objets si précieux fussent soustraits au vandalisme, afin qu'ils offrissent les moyens de rendre à la Baume son antique splendeur?

L'autel de notre bonne et tendre mère, désigné sous le nom de Notre-Dame du Rosaire, ne demeura pas en ruine à cette époque bienfaisante. L'amour filial des enfants de Marie réclamait cette faveur bien facile du reste, puisque la belle statue, donnée par Monseigneur de Marinis, sauvée par la piété et le zèle des habitants du Plan-d'Aups, était encore religieusement conservée dans cette paroisse. Conformément à ce vœu pieux et chrétien, on érigea, au fond de la grotte et à la place ancienne, un modeste autel en marbre, entouré d'une rotonde d'une simplicité extrême, et l'on y plaça dessus la statue de la très-sainte vierge, rapportée de la paroisse du Plan-d'Aups.

Pendant que tous ces travaux s'exécutaient avec activité, Louis XVIII, par ses ordonnances du 20 février et 14 mars 1821, érigeait la Sainte-Baume en chapelle vicariale et affectait au culte divin tous les terrains adjacents, bois, bâtiments et dépendances. Ce ne fut que par l'ordonnance du 12 janvier 1825, que la Sainte-Baume fut érigée en chapelle royale.

Le souverain pontife Pie VII, plein de dévotion pour notre Sainte et le lieu de sa pénitence, daigna accorder de nouveau l'indulgence plénière à tous ceux qui, accomplissant les conditions prescrites, visiteraient la Sainte-Baume, aux fêtes suivantes : celles de la Pentecôte, de sainte Magdeleine, de saint Louis, de saint Maximin et de l'Exaltation de la Sainte-Croix.

Dès que les réparations furent achevées, Monseigneur de Beausset Roquefort, archevêque d'Aix, se présenta pour consacrer et bénir de nouveau cette grotte que l'impiété avait souillée et bouleversée entièrement. Cette cérémonie eut lieu un lundi de la Pentecôte, le 27 mai 1822. Quel beau moment, dit M. l'abbé de Villeneuve, dans sa notice, que celui où, après les cérémonies, les prières d'usage et la célébration de la sainte messe, le prélat s'avança processionnellement sous une tente décorée de guirlandes de fleurs et de verdure; et, après un discours éloquent où il retraça l'œuvre de la miséricorde divine dans la restauration de ce monument, il parla à nos cœurs et dit à Monsieur le préfet du Var qu'il avait acquis des droits à la reconnaissance de toute la Provence par sa pieuse sollicitude à relever les ruines de l'antique chapelle de la Sainte-Baume.

Le prélat parvint ensuite au bord de la terrasse, portant le saint Sacrement, et bénit, du haut de l'espèce de balcon le peuple immense qui était répandu sur la terrasse et dans la forêt, et qu'on évalue de quarante à quarante-cinq mille âmes. Quel silence religieux! Quelles marques de respect et d'adoration! Tout le peuple se prosterna, adora Dieu et reçut en silence des mains du pontife la bénédiction, ce signe de réconciliation entre le ciel et la terre. Vous eussiez dit que le prélat était entouré d'anges visibles, tant sa voix put se faire entendre au loin ; mais à peine eut-il achevé d'implorer le Père, le Fils et le Saint-Esprit qu'un cri général de joie et de satisfaction se fit entendre de toutes parts.

Dès que le soleil eut atteint les trois quarts de sa carrière, les chemins de Saint-Zacharie, de Nans, de Géménos, furent couverts de cette multitude de voyageurs qui tous retournaient dans leurs foyers, disposés à raconter la fête à ceux qui avaient été empêchés d'entreprendre ce pélerinage.

Peu de temps après cette cérémonie, l'on vit s'élever le beau presbytère qui est à côté de la sainte grotte, sur l'emplacement où était autrefois le couvent des religieux. Les ruines de l'hôtellerie, qui devaient être relevées aussi à cette époque de restauration, présentent encore les ravages des temps malheureux. Si les pieux désirs des nombreux visiteurs de la Sainte-Baume étaient exaucés, l'on verrait bientôt disparaître toutes ces ruines, qui céderaient volontiers la place qu'elles occupent à un hospice, où le pélerin pourrait trouver comme autrefois ce qui est de nécessité urgente partout, mais principalement dans ce désert, le logement et la subsistance.

CHAPITRE XXXII.

DU SAINT-PILON SUR LE ROCHER DE SAINTE MAGDELEINE.
DE LA COLONNE, APPELÉE AUSSI SAINT-PILON,
QUI EST SUR LA GRANDE ROUTE,
PRÈS DE SAINT-MAXIMIN.

Tous ceux qui vont vénérer la Sainte-Baume se)ensent rarement de monter au Saint-Pilon qui 1u-dessus de la grotte sur le couronnement et rd même de l'immense rocher. Ce lieu, ol l'une antique et constante vénération de la pa s fidèles, mérite une attention particulière, par(ue c'était là que les anges élevaient sept fois jour la bienheureuse Pénitente et l'associaien à leurs célestes concerts. Le petit sentier qui conduit à ce lieu privilégié, prend son commencement après la quatrième descente de la grotte, un peu au-dessus de la fontaine qui est à côté du chemin de Nans. Les arbres en grand nombre qui forment la haie presque jusqu'au sommet de la montagne, entrelacent assez souvent leurs branches vigoureuses et présentent une voûte de verdure dont l'aspect est agréable. La beauté du site et la variété de ces arbres énormes ne font pas cependant disparaître l'âpreté de la voie, ni les mille accidents de terrain, peu dangereux, que l'on rencontre. Quand on est parvenu à la cime du roc, l'horizon se déroule immense et majestueux; au nord, apparaissent dans le lointain des montagnes couvertes de neige, alors même qu'au Saint-Pilon un soleil brûlant ne permet pas à l'observateur de rester une heure à découvert; au midi, c'est l'immensité des mers qui ravit l'âme. Oh! alors l'œil plonge à son aise dans ce vide immense, et le chrétien, en face de tant de beautés, admire la magnificence des œuvres de Dieu et bénit celui qui, pour de pauvres exilés, a voulu montrer sa toute puissance avec tant de profusion.

Dans les temps antiques, pour perpétuer le souvenir des fréquentes assomptions de sainte Magdeleine sur le sommet de ce rocher, on éleva un simple pilier en pierre, qui a fait donner à cette partie de la montagne le nom de Saint-Pilon. Cette colonne ou pilier, travaillé sans art et n'offrant ni symboles ni inscriptions, pouvait bien être un livre ouvert pour ceux qui connaissaient la tradition et les faveurs que la sainte Pénitente avait reçues en ce lieu ; mais évidemment c'était un livre scellé pour ceux qui les ignoraient. Plus tard, les fidèles qui le comprirent, eurent l'heureuse idée de placer sur cette colonne une belle statue représentant sainte Magdeleine. Les nombreux pèlerins qui montaient, la plupart sans savoir pourquoi, purent alors interroger un monument qui savait produire des émotions salutaires. Quelques années après l'érection de la statue, on construisit autour de ce pilier une chapelle simple et solide, conditions nécessaires dans un lieu si élevé, battu fréquemment par les vents et les orages. Cette chapelle, qui avait dix-huit pieds de long, douze de large et trente-six en hauteur, n'offrait, sous le rapport de l'art et des ornements, d'autres particularités dignes d'attention que le petit dôme couvert de plomb et la colonne surmontée de la statue de sainte Magdeleine, qui était au milieu de l'édifice sacré. Si l'on excepte le rétable que fit faire Diane de Forbin, dame de Cuges, en 1618, ce monument conserva sa simplicité primitive jusqu'en 1647. A cette époque, la chapelle du Saint-Pilon fut ornée avec une magnificence extraordinaire par Éléonore de Bergues, épouse de Frédéric Maurice de la Tour-d'Auvergne. Cette bienfaitrice, pour satisfaire sa tendre et sincère dévotion envers sainte Magdeleine, voulut que le bon goût et la perfection du travail se montrassent dans les moindres détails de l'œuvre qu'elle dédiait à la Sainte. Tout l'intérieur de la chapelle fut alors revêtu d'une incrustation de beau marbre varié de jaspe, embelli d'un ordre complet d'architecture corinthienne. Un autel en marbre, d'une très-belle exécution, fut placé au fond de la chapelle. Une niche de marbre noir, décorée de colonnes de même matière, placée au-dessus de l'autel, fut ornée par un très-beau groupe en marbre blanc, représentant sainte Magdeleine élevée par les anges sur le sommet de la montagne. Ce fut alors que disparut du milieu de la chapelle l'antique colonne surmontée de la statue de la Sainte. Ce pieux monument, commencé en 1647 par les ordres d'Éléonore de Bergues, ne put être achevé qu'en 1686 par les soins de Théodore de la Tour-d'Auvergne, cardinal de Bouillon, fils de la bienfaitrice.

Cette chapelle, ornée par la piété avec tant de distinction et de magnificence, fut horriblement profanée, il y a un demi-siècle. La haine impie, en brisant le marbre, les statues des saints, l'autel et tous les ornements de ce sanctuaire, ne fut pas satisfaite assez; elle osa détruire encore une partie de la toiture et des murs. Toutes ces ruines béantes commencèrent à être réparées en 1856. Un bienfaiteur, natif des Basses-Alpes, vint offrir au gardien de la Sainte-Baume sa généreuse coopération(1). Ce concours efficace, affecté particulièrement au Saint-Pilon, permit de commencer aussitôt l'œuvre de restauration, qui fut poursuivie avec beaucoup de zèle, pendant plus de vingt ans, par M. Fontanella Jean-Marie, recteur du Pland'Aups. Ce bon curé, qui sut ajouter au don du bienfaiteur des sommes immenses que sa charité trouva aisément dans la charité, se montra toujours ferme et sans crainte en face des difficultés qui se renouvelaient souvent. Il parvint aussi à faire réparer plusieurs fois les abords de la sainte grotte, relever les arceaux, les murs, et consolider le presbytère. L'objet cependant qui fixa plus particulièrement son attention, pendant ces longues années, fut le Saint-Pilon, parce que là les anges avaient fait entendre la mélodie des cieux. Les ruines de l'antique monument sont entièrement réparées aujourd'hui. La sainte chapelle, ornée d'un autel en marbre, d'une statue en pierre tendre, représentant sainte Magdeleine, et assortie de tous les détails nécessaires à un lieu saint, permet maintenant au ministre du Seigneur d'offrir le saint sacrifice, et au pieux visiteur de recevoir une bénédiction.

(1) Jacques Sauvan, de la commune de Fugeret, Basses-Alpes, donna douze cents francs, pour la restauration du Saint-Pilon.

De la Colonne, appelée Saint-Pilon, qui est sur la grande route, près de Saint-Maximin.

Lorsqu'il plut à Dieu d'appeler à lui la bienheureuse Magdeleine, les anges la transportèrent de la Sainte-Baume à un demi-quart de lieue de l'abbaye de Saint-Maximin (1).

C'est pour perpétuer le souvenir de ce prodige que nos pères élevèrent à cet endroit le beau Saint-Pilon que l'on y voit encore. C'est une colonne de quatre mètres de hauteur, couverte maintenant de larges taches blanches et grisâtres que les siècles y ont déposées comme témoignage de leur passage et de leur domination. Au-dessus de la colonne apparaît le monument élevé par nos pères; c'est un groupe en pierre dont la hauteur est de quatre ou cinq pieds. Il représente la bienheureuse Magdeleine élevée dans les airs par les anges. Des religieux, à genoux au bas du groupe percé à jour, paraissent admirer le merveilleux événement et solliciter la protection de la Sainte. Quoique mutilé par le marteau des vandales, cet antique monument montre encore assez distinctement à l'observateur la tradition et la croyance des siècles qui ne sont plus.

(1) Illùc per angelicum ministerium subvecta (verb. Mag. in act. ant.) et ailleurs : die autem obitûs sui imminente, ab angelis in ecclesiam urbis deportata fuit. (In act. ant.)

CHAPITRE XXXIII.

FONDATION DU MONASTÈRE DE LA TRAPPE, DANS LA PLAINE (PLAN D'AUPS), PRÈS DE LA SAINTE-BAUME.

Depuis que les saints anges firent entendre leurs célestes concerts sur le sommet de la sainte grotte, en y élevant sept fois par jour la bienheureuse Magdeleine, la mélodie des anges terrestres a paru se fixer en ce lieu. Ce n'est qu'à de rares intervalles qu'elle a cédé à une solitude profonde la faveur d'en être la gardienne. Dès les premiers siècles, alors que les édits sanguinaires dispersaient le troupeau de prédilection, la prière pénétrait furtive, sans s'y arrêter, dans l'antre du désert ; mais dès que les temps devinrent plus calmes, en 425, les religieux cassianites eurent la consolation de perpétuer l'œuvre des anges, pendant plus de six cents ans. En 1295, les pères dominicains furent les héritiers des enfants de saint Cassien et s'acquittèrent avec piété de leur sublime mission jusqu'à la fin du siècle dernier. Après un silence de quelques années, la prière fut rétablie, en octobre 1824, dans cette belle solitude et autour de la sainte grotte.

M. le marquis d'Albertas, une des gloires de la Provence, qui possédait, dans la vaste plaine de la Sainte-Baume, des terrains immenses, voulut consacrer en œuvre de charité la grande propriété qui était au bord même de la forêt et en face de l'antre de la Sainte.

Au mois de juillet 1824, le révérendissime abbé Dom Augustin de Lestrange, né à Colombier, département de l'Ardèche, supérieur immédiat de tous les monastères de la trappe, à qui des propositions avaient été faites, accepta volontiers les dons offerts par M. le marquis, et vint à la Sainte-Baume examiner sur les lieux si Dieu agréait la nouvelle fondation. Le silence habituel qui règne dans ce désert, la proximité de l'antre où Magdeleine avait tant pleuré, la mystérieuse et magnifique forêt qui touchait presque à l'enceinte des murs qui devaient être transformés en maison sainte, firent juger à l'homme de Dieu que ses enfants trouveraient dans ce site la facilité de se livrer avec calme à la vie contemplative. Dom Augustin qui aimait, ainsi que ses religieux, le fruit de la paix intérieure alors surtout qu'il est caché dans l'austérité de la pénitence et de la mortification, se soumit de bon cœur à la volonté de Dieu qui l'appelait au désert, et ne compta pour rien l'humble demeure qui lui était offerte, ni la difficulté du terrain et l'intempérie des frimats. La grange, qui servait naguères au logement des fermiers, fut aussitôt transformée en monastère. C'était un bâtiment assez vaste, mal construit et d'une simplicité extrême. Ses divers compartiments, assez nombreux, étaient lézardés en plusieurs endroits et avaient, du moins quelques-uns, l'aspect des tombeaux, surtout ceux du rez-de-chaussée. L'homme du monde aurait dédaigné de s'asseoir seulement au banc de pierre, modeste ornement du futur monastère; mais ces hommes mortifiés, qui ne soupiraient qu'après les biens éternels, persuadés de la vanité des choses humaines, s'estimèrent trop heureux de pouvoir s'abriter dans cette humble et pauvre retraite, puisqu'ils possédaient davantage que leur bon Maître qui n'avait pas un endroit où reposer sa tête. Aussi le R. P. abbé voulut-il conserver dans cette grange tout ce qui présentait un aspect sombre et rebutant. Sa seule occupation fut de disposer, le plus dignement possible, au premier étage, un local servant de chapelle, et de placer sur la façade du nouveau monastère, pour la régularité des offices et du travail, un cadran solaire avec cette inscription que les religieux devaient souvent méditer et mettre en pratique : *ora, ne te rapiat hora* (1).

Après des dispositifs si simples, l'homme de la pénitence, ne voyant plus rien à faire, fit arriver, au mois d'octobre 1824, les pères Jérôme,

(1) Priez, pour que l'heure ne vous surprenne pas.

religieux de chœur du monastère d'Aiguebelle, Jean et Jean Marie, prêtres de Belle-Fontaine, et avec eux, neuf autres religieux aussi de Belle-Fontaine. De ce nombre, six étaient prêtres et les trois autres profès sans être dans les ordres sacrés. Dès leur arrivée au désert, ils prirent possession du nouveau monastère.

Tous ces religieux avaient à pratiquer la primitive observance de Cîteaux, suivant la règle de saint Benoit sous la nouvelle réforme de la Val-Sainte, en Suisse, opérée par Dom Augustin de Lestrange, avec le concours d'un grand nombre de pères trappistes.

Afin de favoriser une œuvre qui devait donner de la vie au désert et répandre l'édification dans nos contrées de Provence, le gouvernement concéda aux religieux l'usufruit de la forêt, ainsi que les divers jardins qui sont à la racine du rocher, sous la Baume. La première autorité civile du département, pour des raisons bien dignes d'éloges, mit à leur disposition le presbytère nouvellement construit à côté de la sainte grotte.

A peine la pieuse phalange fut-elle installée dans le cloître, qu'elle montra une ferveur soutenue, un grand amour pour le silence et le travail, une modestie admirable et une douceur angélique. L'on vit souvent alors ces hommes, à l'aspect austère, munis de leurs instruments de labeur, circuler dans la vaste plaine, se diriger vers le sillon qui les attendait et qui promettait à leur peine le pain qui devait les nourrir. Une pieuse idée soutenait ces heureux combattants dans leurs rudes épreuves, et ranimait leur joie ; c'était la belle et admirable devise, qui leur était si souvent recommandée par le R. P. abbé : la volonté de Dieu ! La conformité à cette pratique répandait dans leur âme cette sérénité qui n'appartient qu'aux vrais enfants du ciel et que le monde ne connaît pas.

Dans le monastère, indépendamment des pères, il y avait encore un certain nombre de jeunes enfants du tiers-ordre qui suivaient comme des anges leurs exercices particuliers. Ils avaient à réciter, chaque jour, tous ensemble, le bel office de la sainte volonté de Dieu, composé par le R. Dom Augustin de Lestrange. Comme les religieux, ils devaient s'exercer à ne jamais contrister cette volonté sainte de celui qui dispose tout avec force et douceur. Presque toujours ces voix enfantines, accompagnées de recueillement et d'humilité, inspiraient à ceux qui assistaient à ces graves cérémonies, cette piété tendre et vraie qui élève l'âme à Dieu et la distrait des joies fausses d'ici-bas. Néanmoins ces salutaires émotions devenaient plus vives, lorsque ces jeunes enfants chantaient avec lenteur la belle prière de l'exilé, le *Salve, Regina*.

Parvenus à la fin de l'antienne à Marie, ils élevaient alors leurs innocentes mains vers le ciel, et, dans cette position de suppliants, ils disaient à leur bonne et tendre mère : « *O clemens! O pia! O dulcis virgo Maria!* »

Cependant les murs du cloître ne devaient pas être seuls témoins de toutes ces cérémonies imposantes et de ces exemples d'édification. Le R. P. abbé, dans sa sollicitude pour ses religieux, voulut leur procurer un saint exercice qui captive l'âme, la brise de douleur et la dispose à la sanctification. En 1825, il établit, dans la forêt de la Baume, le chemin de la croix en trente-trois stations. Depuis la quatrième descente de la sainte grotte qui est tout près de la fontaine, sur le sentier qui conduit au Saint-Pilon, jusqu'au sommet de la montagne, il fit planter dans le roc, de distance en distance, trente-trois croix de neuf pieds de hauteur. La pieuse communauté quittait de temps à autre sa retraite, se dirigeait vers la forêt et consacrait deux heures à parcourir, en méditant sur la passion du Sauveur, la longue distance que les croix occupaient. Au moment fixé pour la cérémonie, quand les dernières clartés du jour commençaient à disparaître à l'horizon et que tout dans le ciel se faisait calme et solennel, ces jeunes enfants du monastère, revêtus d'aubes blanches avec des ceintures de diverses couleurs, précédaient le pieux cortége, suivis des religieux du tiers-ordre et de tous les pères. Arrivés au pied de la première croix, tous se prosternaient jusqu'à terre. Le supérieur du tiers-ordre, qui devait présider à la cérémonie en sa qualité d'aumônier et de gardien de la Sainte-Baume, commençait alors les prières de la voie douloureuse. C'était un moment bien solennel lorsque, à la fin de chaque station, ces anges terrestres imploraient tous en chœur et à voix haute la grande miséricorde du Seigneur. On eût dit, à l'instant où l'écho de la colline répétait cent fois dans le lointain les paroles des religieux, que les anges du ciel renvoyaient à la terre l'accomplissement de ces vœux, en répétant ces mots : miséricorde, Seigneur, miséricorde! L'âme attentive qui les recueillait, éprouvait toujours un saint frémissement, et s'unissait, elle aussi, à la demande de cette grâce précieuse. Après l'adoration solennelle de la croix, dans la chapelle du Saint-Pilon, les bons pères retournaient, en silence et recueillis, dans leur monastère, pour continuer l'exercice de l'oraison et l'austérité de leur pénitence.

Ces beaux exemples de résignation et de piété, qui impressionnaient si vivement les âmes des visiteurs, ne devaient pas se renouveler souvent et bien longtemps, puisque la maison sainte elle-même allait bientôt devenir toute solitaire. Dix ans ne s'étaient pas écoulés encore depuis la fondation nouvelle, que la presque totalité des pères fut appelée, le 17 octobre 1835, à rejoindre les cellules d'Aiguebelle et de Belle-Fontaine. Deux religieux prêtres seulement résidèrent un mois et demi encore au monastère de la Sainte-Baume, après le départ de la communauté. Enfin le 30 novembre 1835, la voix de l'obéissance s'étant fait entendre, les deux pères Paul et Bernard, assis pour la dernière fois sur le banc de pierre où s'asseyaient jadis les autres religieux qui n'habitaient déjà plus leurs cellules, fixèrent l'antre saint qui les avait inspirés pendant quelque temps, offrirent un bouquet de prières à sainte Magdeleine et descendirent la colline pour ne plus la remonter.

CHAPITRE XXXIV.

RÉTABLISSEMENT DES RELIGIEUX DOMINICAINS A SAINT-MAXIMIN, LE 5 JUILLET 1859.
LES PÈRES PRENNENT POSSESSION DE LA SAINTE-BAUME, LE 22 JUILLET 1859.

Quoique les cloîtres antiques de Saint-Maximin, occupés autrefois par les pères dominicains, fussent solitaires depuis près de soixante-et-dix ans, l'illustre amante du Sauveur, sainte Magdeleine, conservait toujours son manteau de protection déployé sur cet ordre célèbre et privilégié. Elle vient d'obtenir de celui qui peut tout, une bénédiction puissante qui interrompt la trop grande solitude de ces cloîtres, et ramène enfin ces enfants dévoués auprès de la sainte crypte et de la grotte des pleurs (1).

(1) Sainte Marie Magdeleine a donné à l'ordre de saint Dominique, des marques sensibles de sa protection, en plusieurs circonstances, particulièrement dans celle que je vais raconter :

Le 15 septembre de l'année 1530, les religieux du couvent de Soriano, près de Naples, allaient se rendre au chœur pour y psalmodier l'office de matines, lorsque le frère sacristain aperçut dans l'église trois dames agenouillées, d'un air modeste et mystérieux. L'une des trois lui demanda à qui cette église était dédiée et si elle renfermait l'image de son patron. La réponse du frère fut qu'elle avait pour patron saint Dominique, mais que ses traits vénérés ne s'y trouvaient nulle part. Alors la dame inconnue mit entre ses mains une peinture qu'elle lui ordonna d'aller porter à son supérieur. Celui-ci émerveillé de la beauté du tableau, et plus ravi encore d'y découvrir les traits de son père bien-aimé, courut à l'église pour connaître l'auteur d'un don si précieux ; mais les trois dames avaient disparu, quoique les portes de l'église fussent restées fermées. Les religieux ne pouvaient cependant croire à un miracle, lorsque l'un d'eux eut révélation que la très-sainte Vierge elle-même était la donatrice du tableau, et que ses deux compagnes étaient

Depuis une douzaine d'années, les dominicains avaient leur couvent d'études à Chalais, ancienne dépendance des chartreux, dans le diocèse de Grenoble. Dans ce site ravissant, un des plus beaux des Alpes, les religieux, éloignés des bourgs et du bruit, trouvaient aisément dans cette belle solitude le recueillement nécessaire pour les hautes sciences; mais ils ne trouvaient pas dans un lieu exposé aux rigueurs et aux variations subites de l'atmosphère, des conditions d'hygiène qui pussent donner la douce espérance de voir arriver à un âge avancé ces jeunes élèves du sanctuaire. Aussi, dès les premiers jours de son provincialat, le révérend père Lacordaire voulut choisir pour les jeunes étudiants qui se préparent aux travaux de l'apostolat, un couvent où les santés n'eussent pas à subir à la fois le double

sainte Magdeleine et sainte Cathérine, vierge et martyre. « Cessez de douter, lui dit cette dernière, c'est la très-sainte Vierge Marie qui a voulu donner à votre Ordre cette précieuse marque de sa prédilection ». On exposa la sainte image à la vénération des fidèles, et des miracles sans nombre et très-avérés accréditèrent la merveille de son origine. Pour en donner une idée, il suffira de dire que les notaires chargés juridiquement de les constater en recueillirent, dans un espace de soixante-dix-huit ans, quinze cent quatre-vingt-quatre. Le pape Innocent XII permit en 1644 que la fête de saint Dominique de Soriano fut célébrée dans tout l'ordre. (Ext. des méd. des saints de l'ordre Dom).

assaut de l'étude et du climat. C'est dans ces circonstances heureuses que Monseigneur Jordany, évêque de Fréjus et Toulon, dans sa tendre et persévérante sollicitude pour le bien des âmes, fit des offres généreuses et bienveillantes concernant le couvent de Saint-Maximin et le sanctuaire de la Sainte-Baume. Le R. père Lacordaire les accepte avec reconnaissance et se dispose aussitôt à faire l'acquisition de l'antique et magnifique monastère qui fut, pendant près de six cents ans, l'asile des pères dominicains si dévoués au culte de sainte Magdeleine. Dès ce moment, l'œuvre de Dieu fut poursuivie avec une activité étonnante. Quelques semaines seulement après l'acte d'acquisition, écrit à Saint-Maximin le 5 avril 1859, deux religieux dominicains, distingués par leur science et leur piété, arrivent en Provence et accomplissent leur consolante mission. Pendant que le R. père Minjard passe, par obéissance, ses heures au milieu de la poussière du cloître, ordonne diverses dispositions et fait disparaître les brèches du monument, à Saint-Maximin, le R. père Trouche se rend au désert de la Sainte-Baume et s'occupe, avec un zèle et une affabilité admirables, à faire revivre l'antique vénération des pélerins pour ce beau sanctuaire. Le séjour de ces deux pères isolés ne fut pas de longue durée; car l'époque de la prise solennelle de possession arriva bientôt et dans les circonstances relatées par le bulletin de l'année dominicaine, dont j'emprunte les paroles.

« Le 5 juillet 1859, par une de ces belles matinées qui sont le privilége des contrées méridionales, aux premières clartés du soleil, le très-révérend père Lacordaire, entouré d'environ trente de ses religieux, partis la veille avec lui du couvent de Notre-Dame de Chalais, s'arrêtait sur le seuil du monastère de Saint-Maximin. Après les courts instants accordés à sa réception, le T. R. P. Provincial a offert le saint sacrifice, dans l'ancienne salle capitulaire qui sert provisoirement de chapelle à la communauté. Tous les religieux y assistaient, heureux de s'unir dans une mutuelle action de grâces, à leur père bien-aimé ».

Pendant la journée, l'entrée du couvent est demeurée libre jusqu'au moment fixé pour l'institution de la clôture. Dans la soirée, le T. R. P. Lacordaire a réuni, pour la seconde fois, ses fils en saint Dominique, dans leur chapelle provisoire. Là, après avoir épanché son cœur de père dans une allocution toute intime, il a d'abord tracé le cadre des études qui vont être immédiatement reprises et continuées dans le couvent de Saint-Maximin, substitué désormais, comme noviciat profès, au couvent de Chalais; puis, confiant à la jeune génération monastique qui l'écoutait pieusement, la garde des souvenirs éloquents et six fois séculaires qui planent sur les cloîtres édifiés par ses ancêtres, il a déclaré le couvent définitivement érigé en prieuré.

La psalmodie publique de l'office de complies et le chant traditionnel du *Salve Regina* ont clos saintement cette journée d'installation. Une visible émotion montait du cœur de tous ces religieux jusqu'à leurs lèvres et gagnait peu-à-peu les fidèles eux-mêmes accourus en foule à cette touchante cérémonie. Jamais l'antienne de la reine des anges et des hommes ne s'était élevée jusqu'au trône de Dieu, reproduite par des voix plus expressives. C'était le premier cri de l'exilé rendu enfin à tous ses souvenirs et à toutes les espérances de la patrie. Pour la première fois, depuis un demi-siècle, les voûtes ogivales de Saint-Maximin retentissaient du salut quotidien des frères prêcheurs à leur tendre mère Marie immaculée! Pour la première fois, depuis un demi-siècle, autour de la crypte de sainte Magdeleine, la puissante protectrice de l'ordre de saint Dominique, reparaissait la garde d'honneur qui veilla sur elle avec une persévérante fidélité pendant près de six cents ans.

Après ces belles et touchantes cérémonies à Saint-Maximin, des dispositions furent bientôt prises pour procurer à la Sainte-Baume ses heures de splendeur. Le 22 juillet, fête de sainte Magdeleine, approchait. Cette date rappelait aux pères des souvenirs assez grands, assez pieux pour ne pas la laisser passer, je ne dirais pas inaperçue dans le monastère, mais même dans l'antre du désert. Il était difficile de choisir mieux le moment opportun pour l'inauguration d'une fête religieuse au lieu de la pénitence de la Sainte et pour une prise de possession solennelle d'un sanctuaire si vénéré par tout l'ordre de saint Dominique.

A la première heure du 22 juillet 1859, bien avant que l'aurore laissât percer une clarté douteuse sur la voie à parcourir, presque tous les religieux s'éloignent des cloîtres de Saint-Maximin et se dirigent vers cet antre de la Bienheureuse qui doit leur montrer, à côté des grands souvenirs de la tradition, les mémoires antiques délaissés en ces lieux par les pères dominicains que six siècles ont vus passer.

Cependant le pieux cortége arrive enfin, et lorsque, en face de l'immense rocher, les religieux paraissent éprouver de vives et subites émotions, des visiteurs accourus à la fête, se hâtent d'y voir l'effet produit par le premier aspect de tant de beautés disséminées en ces lieux par une prodigieuse et magnifique création. Ces visiteurs ne sont pas dans le vrai : c'est Magdeleine, protectrice de l'ordre, qui du haut des cieux salue la première ces heureux prédicateurs de sa gloire et laisse découler sur eux ces suaves émanations célestes qui vont droit au cœur et l'impressionnent, lors même que l'œil humain est impuissant à les apercevoir.

Après quelques instants de repos, le R. père Trouche, prieur du couvent de Saint-Maximin, offrit le saint sacrifice de la messe, entouré de tous les religieux qui pouvaient à peine se mouvoir dans la sainte chapelle. Toutes ces cérémonies furent graves, imposantes; le chant de la messe haute, exprimé par des voix exercées, mais légèrement émues, était des plus ravissants. Après l'office du soir, psalmodié dans la chapelle avec un recueillement angélique, et suivi du chant toujours si beau de l'hymne de l'exilé, *Salve Regina* (1), tous les religieux retournèrent au

(1) Au commencement de l'ordre Dominicain, cette antienne *Salve Regina*, se disait seulement à genoux dans le couvent de saint Romain de Toulouse, d'après la prescription de saint Dominique lui-même, les frères de Rome suivirent ensuite cet exemple, et en 1220, on la récitait également à Bologne, lorsqu'arriva le miracle de l'apparition de la sainte Vierge à saint Dominique. Voici dans quelles circonstances la bonne mère voulut manifester sa tendresse maternelle pour cet ordre privilégié :

Un soir que Dominique était resté dans l'église à prier, il en sortit à l'heure de minuit; il entra dans le corridor où les frères avaient leurs cellules et dormaient. Lorsqu'il eut achevé ce qu'il était venu faire, il se mit

cloître à Saint-Maximin, bien satisfaits d'avoir vénéré le lieu de la pénitence de sainte Magdeleine et d'avoir aussi consacré une si belle journée au culte de la Bienheureuse.

à prier à l'une des extrémités du corridor, et regardant par hazard à l'autre bout, il vit s'avancer trois femmes, dont l'une, qui était au milieu, paraissait la plus belle et la plus vénérable. Ses compagnes portaient, l'une un vase magnifique, l'autre un aspersoir qu'elle présentait à sa maîtresse. Celle-ci aspergeait les frères et faisait sur eux le signe de la croix. Dominique alla au-devant de la femme qui bénissait et qui était déjà au milieu du corridor, près de la lampe suspendue à cet endroit, il se prosterne à ses pieds, et, quoiqu'il l'eût déjà reconnue, il la supplia de lui dire qui elle était. La femme qui bénissait répondit au bienheureux Dominique : je suis celle que vous invoquez tous les soirs, et lorsque vous dites : *Eia ergò advocata nostra*, je me prosterne devant mon fils pour la conservation de cet ordre. Alors le bienheureux Dominique s'informa qui étaient les deux jeunes filles dont elle était accompagnée. A quoi la bienheureuse Vierge répondit : l'une est Cécile et l'autre Catherine.

Ce miracle ayant été rapporté au chapitre général de 1228, il fut ordonné qu'on chanterait le *Salve Regina*, après complies, dans tous les couvents de l'ordre. Cette sainte pratique, qui a depuis passé à toute l'Eglise, est encore pieusement observée de nos jours partout où se trouvent des enfants de saint Dominique, par conséquent à Saint-Maximin.

Il y a indulgence de deux cents jours pour les religieux et les fidèles qui assistent au chant du *Salve*, soit à Saint-Maximin, soit dans une autre église de l'ordre. (Vies des ss. de l'ord.)

CHAPITRE XXXV.

PRÉCIEUX TRÉSOR DE SAINTE MARIE MAGDELEINE, OU LA SAINTE AMPOULE CONSERVÉE RELIGIEUSEMENT DANS L'ÉGLISE DE SAINT-MAXIMIN.

Dans les chapitres VIII et IX, nous avons vu que Magdeleine, pendant la voie douloureuse de notre divin Sauveur, dans les rues de Jérusalem et sur le Calvaire, témoigna publiquement par ses larmes, l'affection sainte et la vénération profonde qu'elle avait pour Jésus. Nous avons vu que la haine des juifs et cette rage qui se plaît à tourmenter le juste, furent impuissantes à abattre son courage et à dominer son amour. Il était beau assurément de voir cette fidèle amante dans cette grave anxiété et dans cette constance inébranlable ! Ce n'était cependant pas assez pour elle de donner à Jésus souffrant, toutes ces pieuses manifestations d'attendrissement et de compassion, en échange du sang que la très-sainte victime allait répandre pour la rédemption des hommes en si grande abondance. Elle voulut encore, tant son amour était immense, ne pas se séparer de son Sauveur, vivre avec lui et pour lui, alors même que ses yeux ne l'apercevraient plus sur le Calvaire, à Jérusalem et en Palestine. Dès que tout fut terminé sur la sainte montagne et qu'un silence solennel régnait autour du roc ensanglanté, Magdeleine, qui avait assisté à tous les détails de la descente de croix et de la sépulture, écoute les saintes dispositions que le divin amour excite en son cœur et se prépare un trésor qui sera d'un grand prix pour elle dans les divers combats qu'elle aura à soutenir pour la gloire de son Maître. Avant de quitter le saint lieu du Calvaire, elle recueille, au pied de la croix, de la terre imbibée du sang précieux qui avait coulé des plaies sacrées du Sauveur et la met dans une fiole de verre (1). C'est là le précieux trésor qui fait les délices de Magdeleine, trésor qu'elle n'abandonnera plus. Elle pourra désormais adorer partout son divin Rédempteur et répandre avec effusion son âme en sa sainte présence. Pendant les heures de son exil, en quelque lieu que se trouvera la sainte amante de Jésus, la vue de ce sang fraîchement répandu, lui dira aussitôt l'immensité de l'amour de Jésus pour les hommes et ce qu'elle doit faire et souffrir pour lui, si jamais elle pouvait détourner un seul instant son cœur du seul objet digne de le

(1) Ostensa est mihi et ampulla vitrea plena terrâ habente colorem medium inter rubrum et nigrum, quam in parasceve beata Magdalena *sub cruce collegit*. (Le père Priérat, *Rose d'Or*.)

préoccuper. Si, après l'ascension, elle se tient recluse à Béthanie ; si elle traverse les mers et vient dans nos contrées, son trésor est avec elle. Si les anges la transportent d'Aix à la Sainte-Baume, elle quittera tout avec joie, sanctuaire, amis, disciples ; mais son trésor, elle ne le quittera jamais (1). Dans l'antre du désert, elle le dépose et le conserve trente-trois ans, sur le roc de la Sainte-Pénitence. Pendant ces longues années, elle adore nuit et jour ce sang divin, et arrose de ses larmes la fiole qui le contient. Quand les anges, obéissant à l'ordre du Seigneur, viennent lui annoncer la fin de ses combats et la transportent près de Saint-Maximin, Magdeleine, son trésor à la main, s'élève dans les airs avec les anges et obéit à son Dieu. Ce n'est qu'à l'instant où, prosternée dans l'abbaye de saint Maximin, elle prépare son âme à s'envoler aux cieux, qu'elle abandonne son trésor, alors seulement. Elle le confie au pontife Maximin qui le reçoit avec une foi bien vive, et veut qu'on le conserve toujours dans son abbaye, où reposent les reliques de la Sainte (2).

(1) Rem autem mirabilem *secum* deferebat Maria Magdalena, scilicet lapidem rubrum, in quo traditur inanime servatoris Christi corpus è sacro ligno demissum, fuisse repositum. (Niceph. Callix.)

(2) Sanctus Maximinus... altaria propriis manibus consecravit ; reliquias de sepulchro Domini et alias nobis ignotas, in ecclesiâ abscondit... Sepulchrum utriusque

Dès ce moment, dans ce lieu de prédilection, les fidèles purent vénérer la sainte ampoule jusqu'en 710. A cette époque, on fut forcé de déposer la sainte fiole dans le tombeau, où fut placé le corps de sainte Magdeleine, pour qu'elle ne fut pas profanée par les Sarrasins qui devaient ravager la Provence pendant plusieurs siècles. Ces saintes reliques demeurèrent cachées, près de six cents ans. Ce ne fut qu'en 1279 qu'elles furent retrouvées par le soin et le zèle de Charles de Salerne. Depuis cette découverte, on rend à la sainte ampoule un culte public, constant et solennel, culte connu par les souverains pontifes qui résidèrent à Avignon, et même autorisé par la pratique de tous les papes qui allèrent en pélerinage à Saint-Maximin, d'un grand nombre de cardinaux, d'évêques et de toutes sortes de personnes des divers royaumes chrétiens. Ces reliques ont toujours été considérées comme étant les plus précieuses que possédait l'église de Saint-Maximin. Le roi de Sicile, Louis de Tarente et la reine Jeanne, qui les mettent au premier rang, ne les désignent pas autrement que sous le nom de

(id est sancti Maximini et sanctæ M. Magdalenæ) apud nos (auprès de nous, c'est-à-dire, à Aix, à Saint-Maximin, d'après M. Faillon, *Mon. inéd.* II, 691.) La tradition, dit-il encore, supposait que des reliques semblables avaient été apportées par sainte Magdeleine. (Charte de Rostan, arch. d'Aix.)

sang très-précieux du Sauveur. Si le peuple de Saint-Maximin et les innombrables visiteurs qui vont les vénérer, apportent un zèle si distingué à cet acte de piété, c'est qu'il a plu à Dieu de manifester souvent par des miracles, l'authenticité de ces reliques. Le père Priérat, dans sa *Rose d'Or*, raconte qu'il a vu lui-même la sainte ampoule et qu'on lui a assuré, sans hésitation, à Saint-Maximin, que chaque année, le vendredi saint, après la lecture de la passion, ces pierres et cette terre de couleur d'un rouge noir, prenaient une couleur vermeille et éclatante, et que, de plus, le sang attaché à ces objets se liquéfiait, et qu'on le voyait bouillonner, monter et descendre dans la sainte ampoule. La vue de ce prodige n'était pas le privilége de quelques personnes pieuses seulement, tous les assistants avaient la liberté de le considérer de près et pouvaient facilement se convaincre de la vérité du miracle. « Il n'y a guères bon catholique, en Provence, « dit Belleforêts, qui n'ait vu chose si rare et si « merveilleuse. » Le père Vincent Reboul affirme, dans la vie de sainte Magdeleine, que vers la fin du XVIIe siècle, cinq à six mille personnes se rendaient à Saint-Maximin, le jour du vendredi saint, pour être témoins du miracle et vénérer les saintes reliques. Le père Gavoty raconte, dans son histoire de sainte Magdeleine, qu'il arriva quelque chose de surprenant vers la fête du patriarche saint Joseph ; car, durant trois jours, la sainte ampoule parut toute rouge, ce qui attira beaucoup de peuple pour voir un changement si prodigieux : nous avons appris, dit-il, ce changement de nos ancêtres dont quelques-uns sont encore en vie (1).

Depuis un demi-siècle à peu-près, ce miracle ne se renouvelle plus ; cependant, comme le culte que l'on rend à ces reliques est fondé, non sur le prodige dont nous parlons, mais sur ce que ces petites pierres et cette terre ont été réellement teintes du sang du Sauveur, on continue, à Saint-Maximin, à rendre à ces reliques un culte qui se rapproche de celui de Latrie. A la procession, le **22** juillet, jour de la fête de sainte Magdeleine, un prêtre en chasuble porte la sainte ampoule sous le dais, et, pendant la marche on l'encense continuellement, comme on encense le très-saint sacrement aux processions de la Fête-Dieu ; ce qu'on ne fait jamais à l'égard des reliques des saints, ni même du chef de la Bienheureuse (2).

(1) Ostensa est mihi et ampulla vitrea plena terrâ habente colorem medium inter rubrum et nigrum, quam in parasceve, beata Maria Magdalena *sub cruce collegit*: quæ, ut omnes mihi, sinè hæsitatione, affirmabant, singulis annis, in die parasceves, perlectâ passione, evidenter et clarè ebullit, ac si videatur sanguis ebullire. (Le père Priérat.)

(2) *(Mon. inéd.)*

CHAPITRE XXXVI.

DES SENTIMENTS CHRÉTIENS QUE DOIVENT AVOIR CEUX QUI VONT VISITER LA SAINTE-BAUME, LIEU DE LA PÉNITENCE DE SAINTE MARIE MAGDELEINE.

Le sanctuaire de la Sainte-Baume, où la bienheureuse Magdeleine a combattu, pendant des années si longues, les saints combats du Seigneur, est visité, souvent pendant l'année et surtout aux époques de la Pentecôte et du 22 juillet, par un grand nombre de pélerins, dont quelques-uns arrivent même des contrées lointaines. Pourquoi, dans cette affluence de visiteurs, qui tous se réunissent pour une fin religieuse, faut-il voir des dispositions si variées et si peu chrétiennes, du moins dans un certain nombre. Il en est beaucoup, il est vrai, qui, regardant au-dessous d'eux tout ce qui n'est pas Dieu ou de Dieu, paraissent inaccessibles aux objets qui peuvent altérer leur paix intérieure, et accomplissent leur pélerinage avec une dévotion bien sincère. Ceux-là respirent sur la sainte montagne l'air pur et libre de l'amour divin; car la Sainte-Baume est une terre de bénédiction, féconde en tous les fruits de la grâce; une terre que la bienheureuse Pénitente cultive comme son héritage et sur laquelle notre divin

Sauveur répand sa rosée, la manne de ses douceurs et de ses consolations; une terre où règne cette paix qui fait le bonheur de la vie. Mais il en est d'autres qui, paraissant ne pas s'élever au-dessus des vapeurs de la terre, traînent après eux, au désert, toutes les ignobles bassesses du siècle et ne savent avoir aucun des sentiments que la foi inspire et que la religion consacre. Ils vont à la Sainte-Baume pour voir un rocher immense, un monastère merveilleusement suspendu entre le ciel et la terre, une forêt d'une rare beauté, et rien de plus. Est-ce ainsi que des chrétiens doivent visiter un sanctuaire vénéré? Aussi les voit-on dissipés, causant, riant dans cette grotte des pleurs où Magdeleine a tant gémi, comme s'ils devaient être indifférents à l'onction sainte qui découle encore du roc de la Pénitence, au beau langage du désert et à tous les souvenirs dont ce sanctuaire conserve les monuments. Ces visiteurs ignoreraient-ils que toute action de piété qui ne tend pas à établir le règne de Dieu au-dedans de nous est vaine; que toute pratique sainte, qui subsiste toujours avec nos passions, qui laisse dans notre cœur l'amour du monde, de ses tristes jouissances, est une dérision de la vertu? Ignoreraient-ils que Dieu, qui veut, il est vrai, que tout honneur et tout culte souverain lui soient exclusivement rendus, parce que c'est de lui seul que peut venir toute bénédiction, étant l'unique source du salut, de la grâce et de tout don spirituel et terrestre, veut en même temps que l'on honore le triomphe de sa grâce dans la personne de ceux qu'il a sanctifiés, parce que les saints sont ses amis, ses frères et ne font qu'un avec lui comme il ne fait qu'un avec son Père ?

Oh! si ces visiteurs voulaient considérer pendant quelques instants toutes ces dispositions intérieures que Dieu exige de ses enfants dociles qui vont visiter les sanctuaires où ses saints doivent être vénérés, assurément ils ne s'y livreraient pas à la dissipation, ils ne se contenteraient même pas d'une admiration stérile et sèche! Comme ils seraient heureux! si, en présence de cette grotte qui paraît encore répéter les célestes soupirs de l'illustre Pénitente, et de ce roc arrosé de ses larmes, ils savaient écouter la voix de la grâce qui leur dit : c'est ici que j'ai placé Magdeleine pour qu'elle fût votre protectrice et votre modèle ; ici j'ai ouvert ses yeux, afin qu'ils répandissent des torrents de larmes ; ici j'ai rendu son corps propre à souffrir l'exil, l'intempérie des saisons, l'obscurité et les macérations ; ici j'ai formé cette volonté pure et docile, qui fit Magdeleine obéissante et humble. C'est ici encore que j'ai employé ses qualités naturelles pour faire éclater celles de ma grâce.

Avec ces réflexions salutaires, ils ne tarderaient pas à renouveler leur pélerinage à la Sainte-Baume; mais, cette fois, éloignant toute dissipation, ils l'accompliraient avec cette piété vraie et sincère que manifestèrent, dans ce désert, tant de personnages illustres par leur science et leurs vertus.

C'est avec cette piété vraie et sincère qu'ont visité la Sainte-Baume et vénéré ces saints lieux, les souverains pontifes Étienne IV, Jean VIII, Jean XXII, Benoit XII, Clément VI, Innocent VI, Grégoire XI, Clément VII et Benoit XIII. C'est avec cette piété vraie et sincère qu'ont visité la sainte grotte ce grand nombre de princes et de princesses, dont quelques-uns sont parvenus à une haute sainteté et sont honorés d'un culte public. Ne pouvant entrer dans une longue énumération, qu'il suffise de citer saint Louis, roi de France, qui vint, en 1254, à son retour de la première croisade, vénérer ces saints lieux, et donner à ses états et particulièrement à la Provence l'exemple d'un grand roi qui sait respecter les œuvres de Dieu et se croit heureux en baisant le roc de la retraite de notre Sainte. Saint Louis, de Brignoles, évêque de Toulouse, fils de Charles II, roi de Sicile, si éclairé dans toutes ses œuvres, sut bien donner l'exemple des sentiments que l'on doit avoir quand on vénère les mémoires des saints. Accompagné de ses sœurs Marie, reine de Majorque, et Béatrix, marquise d'Est et de Ferrare, il voulut, par esprit de pénitence et à l'imitation de celle de Magdeleine, faire à pied le pélerinage de la Sainte-Baume et passer ses heures en ce saint lieu, avec un recueillement angélique. C'est aussi pour honorer le triomphe de la grâce dans notre Sainte et acquérir sur les lieux mêmes de ses combats, cet esprit de pénitence qui nous éloigne de la terre et nous rapproche du ciel, que sainte Brigitte, princesse de Suède, vint, en 1340, du fond de ce royaume, vénérer à la Sainte-Baume le roc témoin de la pénitence et des faveurs que reçut Magdeleine. Saint Jean de Matha, fondateur de l'ordre de la très-sainte Trinité, né en Provence, avait pour notre Solitaire une vénération profonde, une confiance entière et un attrait particulier pour la grotte des pleurs. Aussi vint-il se fixer pendant quelque temps dans ce désert et y vécut dans un admirable esprit de ferveur. Et le bienheureux Monere Dalmace, de l'ordre de saint Dominique, qui vint de la Catalogne, pour visiter la Sainte-Baume. A l'aspect de la sainteté de ce lieu, il fut si touché de componction et d'amour, qu'il aurait voulu passer toute sa vie dans ce désert, si l'obéissance le lui eût permis. Forcé de l'abandonner, il construisit, à son retour dans son couvent, à un coin du jardin, une grotte semblable à celle de la Sainte-Baume et y demeura jusqu'à sa mort, pour imiter la pénitence de sainte Marie Magdeleine.

Et nous aussi, allons à la Sainte-Baume! visitons-la comme l'ont visitée ces saints, ces personnages illustres. Allons à la Sainte-Baume invoquer sainte Magdeleine, parce que c'est pour l'invoquer que Dieu nous l'a donnée pour protectrice; mais invoquons-la, en chrétien, avec des sentiments pieux, parce que Magdeleine est une Sainte et une grande Sainte.

Si nous accomplissons notre pélerinage avec confiance et piété, comme cela doit être, le désert de Sainte Magdeleine nous offrira sûrement quelques-unes de ces fleurs dont le parfum suave plaît toujours à celui qui est la splendeur des saints dans le ciel.

NEUVAINE

EN L'HONNEUR

de

SAINTE MARIE MAGDELEINE.

NEUVAINE

EN L'HONNEUR

DE SAINTE MARIE MAGDELEINE.

Instruction sur la Neuvaine.

La protection des Saints est un des dogmes les plus consolants de notre sainte religion. Il est si doux, en effet, pour un chrétien, au milieu des nuages de son exil, de trouver pendant sa vie, dans les prières de ses frères du ciel, un puissant secours pour ses faiblesses et un refuge dans ses peines !

Tous les bienheureux peuvent être et sont nos intercesseurs auprès de Dieu. Il en est parmi eux cependant qui veillent sur nous d'une manière plus spéciale, et sont plus attentifs à nos prières.

Puisque Notre Seigneur a ordonné à sainte Magdeleine de quitter Béthanie, de traverser les mers et de venir se fixer en Provence, dans l'antre saint où elle a souffert et prié si longtemps, c'est assurément qu'il a voulu, dans sa miséricorde infinie, que l'illustre Pénitente fut la protectrice spéciale de nos contrées.

C'est donc avec confiance que nous devons nous adresser à sainte Magdeleine, surtout aux approches de sa fête (le 22 juillet), aux saints jours de la Pentecôte, de l'Exaltation de la sainte Croix, de saint Louis, de saint Maximin, époques désignées pour gagner l'indulgence plénière accordée par les souverains Pontifes.

Ce n'est pas trop de choisir dans l'année quelques jours pour s'instruire de ce qui doit nous attacher au service de notre Bienheureuse, pour prendre part à son bonheur, la remercier de ses bienfaits et lui demander la continuation de sa protection. En dehors de ces devoirs généraux, n'avons-nous pas souvent, au milieu des agitations incessantes d'un monde pervers, quelque grâce à demander, quelque tentation à repousser, une vertu à obtenir, une conversion, une guérison, une mort sainte? Dans les diverses circonstances de la vie, adressons-nous encore à notre bienheureuse patronne, à notre protectrice, qui a la mission spéciale de nous faire du bien, de nous consoler dans nos peines, de nous fortifier dans nos combats et de nous aider à devenir les amis de Dieu.

De toutes les pratiques de piété par lesquelles on honore les saints, une des plus ordinaires et des plus faciles est celle des neuvaines. Pour seconder le zèle envers ce pieux exercice, j'ai pensé que ce serait rendre service aux fidèles que de leur présenter plusieurs méditations propres à régler leur dévotion, enflammer leur amour et les rendre dignes de tout obtenir de la bienheureuse Protectrice.

Ceux qui seront fidèles à faire cette neuvaine avec exactitude et piété, peut-être un jour se féliciteront-ils d'avoir su mettre dans leurs intérêts cette illustre et grande Sainte, qui, dans tous les siècles, a su protéger par son intercession tous ceux qui lui ont rendu leurs hommages quelque faibles qu'ils soient.

DES EXERCICES DE LA NEUVAINE.

Ce qu'il faut faire :

1° Avant la Neuvaine.

On ne saurait croire combien un appareil extérieur est propre à inspirer des sentiments de piété et à soutenir la ferveur. Ce sera donc aux pieds d'un oratoire, en présence d'une croix ou d'une image de sainte Magdeleine, que vous ferez vos exercices.

2° Pendant la Neuvaine.

Vous passerez le temps de la neuvaine dans le recueillement intérieur et extérieur. Vous lirez avec attention la méditation de chaque jour, et vous vous efforcerez de mettre en pratique les bonnes résolutions que vous aurez prises. Ce serait inutilement qu'on s'adresserait aux amis de Dieu, si on négligeait ce point si essentiel; car « les saints, dit saint Augustin, ne sont favorables à ceux « qui les prient, qu'à proportion qu'ils s'efforcent de les « imiter. »

3° Après la Neuvaine.

Après la lecture de la méditation et les réflexions pieuses que vous aurez faites, vous réciterez avec dévotion les litanies de sainte Magdeleine.

Pendant la journée, vous conserverez le fruit de votre oraison, vous élèverez souvent votre cœur à Dieu et vous ne laisserez passer aucune occasion sans mettre en pratique la vertu sur laquelle vous aurez médité.

PRIÈRES A FAIRE CHAQUE JOUR.

AVANT LA MÉDITATION.

Faites, ô mon divin Sauveur, que pendant cette méditation toutes mes intentions, toutes mes actions, toutes les opérations de mon âme, tendent purement et pleinement au service et à la gloire de votre divine majesté.

Venez, Esprit-Saint, remplissez les cœurs de vos fidèles, et allumez en eux le feu de votre divin amour.

Envoyez votre Esprit et tout sera créé,
Et vous renouvellerez la face de la terre.

PRIONS.

O Dieu, qui avez instruit et éclairé les cœurs de vos fidèles par la lumière du Saint-Esprit, donnez-nous ce même Esprit-Saint qui nous fasse goûter et aimer le bien, et qui répande toujours en nous la joie de ses divines consolations, par Notre Seigneur Jésus-Christ. Ainsi soit-il.

Je vous salue, Marie, pleine de grâces, etc.

APRÈS LA MÉDITATION.

Je vous offre, ô mon Dieu, les résolutions que je viens de prendre, je ne puis y être fidèle, si vous ne daignez les bénir ; mais j'espère de votre bonté cette bénédiction que je vous demande au nom et en vue des mérites de Jésus, mon divin Sauveur.

Vierge sainte, mère de mon Dieu, mon bon ange, mes saints patrons, sainte Magdeleine, obtenez-moi la grâce de garder les résolutions que je viens de prendre, avec une fidélité parfaite. Ainsi soit-il.

RÉFLEXION.

« Les saints, dit sainte Catherine de Sienne, « sont comme le flambeau placé sur le chande- « lier, pour montrer la voie de la vérité qui con- « duit à la vie dans une parfaite lumière. Non « seulement ils l'ont enseignée, mais ils l'ont « montrée en eux-mêmes. »

Ne nous contentons pas d'admirer sainte Magdeleine, mais efforçons-nous de l'imiter au moins selon les desseins de Dieu sur nous. La lumière, que porte aujourd'hui devant nos yeux notre sainte et illustre Patronne, ne nous égarera pas. Si nous sommes fidèles, elle nous conduira sûrement à Jésus et fera de nous de parfaits disciples du saint Évangile.

PREMIER JOUR DE LA NEUVAINE.

1re Méditation.

Sur l'attention à la voix de Dieu.

PREMIER POINT.

« L'œil ne peut voir, la langue raconter et le
« cœur de l'homme imaginer, dit Notre Seigneur
« à sainte Catherine de Sienne, toutes les ruses
« qu'invente mon amour pour donner ma grâce
« à une âme et la remplir de ma vérité; mais si
« cette âme laisse passer le délai du temps, il
« n'y aura plus de remède, parce qu'elle n'aura
« pas fait fructifier le trésor que je lui avais con-
« fié en lui donnant la mémoire pour se rappeler
« mes bienfaits, l'intelligence pour voir et con-
« naître ma vérité, et l'amour pour s'attacher à
« moi qui suis cette vérité éternelle que l'intel-
« ligence lui avait fait connaître. »
Marie Magdeleine, livrée à ses propres pensées,
occupée à suivre les vanités de la terre, avait

l'espérance de trouver le repos que recherchait son cœur tristement agité. Ses recherches furent infructueuses aussi longtemps qu'elle chercha le calme où il n'était pas. Peut-on le trouver quand on est éloigné de son Dieu !

Cependant la voix du Seigneur se fait entendre..! Magdeleine écoute..! heureux moment..! Magdeleine a le bonheur de comprendre les saintes ruses qu'invente l'amour infini du Sauveur pour donner sa grâce à une âme et la remplir de sa vérité. Docile à la voix du ciel, elle n'est plus du monde, elle est à Dieu !.. Dès cet instant, plus elle reçoit de grâces, plus elle est portée à reconnaître son indignité, à s'abîmer dans son néant. Quelque bien que Dieu fasse en elle, la Pécheresse sera tout étonnée que son infinie majesté n'ait pas dédaigné de s'abaisser à une créature aussi misérable.

Combien de chrétiens sur cette terre malheureuse, qui suivent les tristes errements de la Pénitente et qui refusent de se montrer attentifs à la voix de la grâce.

Si nous étions de ce nombre, faisons une sérieuse attention à la conduite de Magdeleine, et si la grâce nous demande quelque sacrifice, ne mettons point de délai dans notre fidélité, car chaque minute de ce délai serait un degré de gloire perdu pour le ciel.

SECOND POINT.

Nous ne savons ce que Dieu ferait de nous, dit un saint, si nous le laissions faire! mais que d'obstacles nous apportons à la voix de Dieu!

Le divin Sauveur, en effet, ne demande que des cœurs dociles à sa voix pour en faire des chefs-d'œuvre de son amour...!

Nous éprouverions sans nul doute ces magnifiques effets des prédilections du Seigneur, comme les éprouve Magdeleine, si, à son exemple, nous nous arrêtions à la source sacrée de tous ces dons, si nous écoutions Jésus-Christ ainsi que les hommes qui sont pleins de la vérité et de l'autorité de Jésus-Christ. Mais hélas! nous courons après nos propres pensées, nous nous occupons à des choses qui passent, et nous négligeons d'écouter la voix du ciel dont toutes les paroles sont capables de nous faire vivre éternellement. Est-il étonnant que nous ne soyons pas ce que nous devrions être, et que notre pauvre cœur ne goûte pas ce calme intérieur qui est le partage seulement des enfants dociles et soumis!

A la vue de nos misères qui se renouvellent tous les jours, nous voudrions savoir pourtant ce que nous avons à faire pour avancer dans la vertu et peut-être même pour quitter nos habitudes vicieuses; mais dès que l'esprit de Dieu nous l'enseigne et nous attire à lui, le courage nous manque pour l'exécuter. Triste lâcheté qui peut entraîner des conséquences malheureuses pour nous; car Dieu ne compte pour rien toute volonté qui ne va pas jusqu'à sacrifier ce qui nous arrête dans la voie du ciel.

Puisque Dieu nous appelle, imitons Magdeleine dans sa docilité; sortons des ténèbres où nous plongent nos infidélités et l'abus de tant de grâces; écoutons la voie de Dieu et prenons les armes de la pénitence pour venger le Seigneur que nous avons outragé par nos prévarications. Il est bien temps que le bon Maître reprenne sa vraie place dans notre cœur et dans notre vie.

PRIÈRE.

Je ne m'étonne plus, ô mon Dieu, de ce que je suis si pauvre, si dénué de vertus, si faible dans les tentations, puisque, au lieu d'être attentif à votre voix et de suivre vos divines leçons, je consulte mes propres pensées, qui ne sont que vanité, pour en faire la règle de ma conduite. Accordez-moi la grâce, ô mon Dieu, d'écouter vos saintes ordonnances et de les mettre en pratique maintenant et toujours.

Sainte Marie Magdeleine, soyez ma protectrice auprès de Dieu!

SECOND JOUR DE LA NEUVAINE.

2ᵉ Méditation.

Sur la Conversion de Marie Magdeleine.

PREMIER POINT.

Admirons la puissance de la grâce de Jésus dans la conversion des âmes. Il lui est facile d'enrichir le pauvre en un moment, de changer le vase d'ignominie en un vase de gloire ; de faire d'un pécheur un saint. Pour cette sagesse éternelle, qui n'est point soumise à nos timides calculs, les moyens les plus extraordinaires en apparence, sont ceux qu'elle se plaît à faire réussir.

Le péché est un abîme sans fond ; malheur à l'âme qui s'y précipite aveuglément ! La jeune Magdeleine, livrée à la fougue de ses passions, était tombée dans cet effroyable état où toute lumière est obscurcie et tout bon désir anéanti. Mais l'abîme de nos misères attire souvent celui des miséricordes infinies et ineffables du Seigneur. Magdeleine, dans l'état déplorable où elle se trouve, n'est pas satisfaite d'écouter seulement les paroles de vie que prononçait le divin Sauveur ; elle a le bonheur surtout de reconnaître la main qui s'est levée sur elle, et a touché son cœur. Aussitôt elle rentre dans son âme, s'humilie et tombe aux pieds de Jésus, qui la reçoit avec amour. Dès cet instant, elle prend la résolution de subir les conséquences de sa généreuse offrande. Toujours constante et fidèle, elle ne reculera jamais d'un pas dans la voie difficile du renoncement et de la douleur.

Nous qui sommes souvent, dit sainte Catherine de Sienne, comme des arbres qui n'ont que des fruits de mort, des fleurs infectes, des feuilles souillées, des rameaux qui traînent à terre et qu'agittent tous les vents, pourquoi voudrions-nous différer de nous donner entièrement à Dieu, puisque notre bon Maître nous a appelés à lui plus souvent encore peut-être qu'il n'a appelé la Pécheresse de Béthanie.

SECOND POINT.

A la vue d'une conversion si subite et si généreuse, examinons quelles sont les dispositions de notre cœur. N'apportons-nous pas des délais à notre amendement ? Serions-nous du nombre de ceux qui sous de vains prétextes diffèrent de jour en jour leur conversion? En effet, l'un diffère de se donner à Dieu parce qu'il est trop jeune et qu'il a beaucoup de temps à vivre. Triste illusion! est-il donc si rare de voir une infinité de jeunes gens surpris par la mort? N'est-il pas écrit que quand on manque de se convertir dans la jeunesse on y manque ordinairement dans un âge plus avancé (1). Un autre diffère sous prétexte que Dieu, étant infiniment bon et miséricordieux, ne pourrait se résoudre à nous perdre, comme si cette bonté et cette miséricorde infinies ne devaient pas nous être une puissante raison pour avancer notre conversion plutôt que de la reculer. D'autres enfin diffèrent sous prétexte que leur conversion ne s'accorde pas avec leurs affaires et leurs emplois, comme s'il y avait quelque emploi où l'on ne pût pas trouver le moyen de se convertir et que l'affaire du salut ne fût pas la plus importante de toutes celles qu'on peut avoir dans le monde.

Dispensons-nous d'admirer Magdeleine dans sa généreuse résolution, il nous sera plus avantageux de l'imiter dans sa conversion prompte et sincère. Puisque nous voulons nous donner à Dieu, pourquoi ne pas le faire aujourd'hui, à

(1) Adolescens juxtà viam suam, etiam cùm senuerit, non recedet ab eà, prov. 22-6.

cette heure ? Demain, les chaînes qui nous retiennent, seront-elles plus aisées à rompre ? Le cœur sera-t-il moins dur ? Le temps qui affaiblit tout, fortifie les mauvaises habitudes ; en différant les remèdes, on rend les maux incurables.

On espère avoir du temps pour se convertir ; mais peut-être n'en aura-t-on pas, est-il prudent de fonder son salut sur un *peut-être* !

PRIÈRE.

Je reconnais, ô mon Dieu, que la vie dans le péché, est ce qu'il y a de plus odieux et de plus détestable. J'ai besoin néanmoins de votre grâce pour faire passer ce sentiment bien avant dans mon cœur et pour haïr le péché autant qu'il mérite de l'être. Ne me refusez pas cette grâce, ô mon Dieu, je vous la demande particulièrement par l'intercession de sainte Magdeleine. Si j'ai le bonheur de l'obtenir, comme je l'espère, rempli alors d'amour pour vous et d'horreur pour le péché, je marcherai dans les voies de la sainteté jusqu'aux derniers instants de ma vie.

TROISIÈME JOUR DE LA NEUVAINE.

3ᵉ Méditation.

De la Capitulation qu'on voudrait faire avec Dieu.

PREMIER POINT.

L'âme fidèle, docile à la grâce et ramenée aux pieds du Sauveur, s'immole, tous les instants avec joie, au bon plaisir de Dieu seul, et se consacre irrévocablement à son service. Elle aime le bon Maître comme le meilleur des pères, ayant pour lui un amour de tendresse, de respect et de confiance. Elle l'aime comme son unique époux, n'ayant point d'autres intérêts que les siens, ne désirant que ce qu'il veut et mettant tout son bonheur pour le temps et pour l'éternité à lui être inséparablement unie. Telles sont les grandes dispositions de notre illustre Pénitente. Pénétrée de la douleur la plus vive sur ses prévarications et animée d'une résolution bien sincère de n'en plus commettre, Magdeleine veut, sans différer un instant, détruire toutes ces inclinations illicites qui avaient jusque-là tourmenté son pauvre cœur. Elle part aussitôt et porte sa honte et sa confusion devant le divin Sauveur dans la maison de Simon le pharisien, sans craindre ni les murmures, ni les railleries des habitants de Béthanie. Qu'on la méprise, qu'on l'humilie, peu lui importe; son cœur est satisfait pourvu qu'il soit à Dieu. Dans sa maison à Béthanie, pendant ses courses saintes dans la Judée, et partout ailleurs, la consécration solennelle qu'elle vient de faire à son Dieu, ne souffrira jamais aucune atteinte. Toujours préoccupée de son Sauveur, toujours vigilante, elle ne souffrira jamais que les vains objets de la terre arrêtent tant soit peu les généreux élans de son cœur. Désormais, en Palestine comme au désert de la Sainte-Baume, les joies et les souffrances, le travail et le repos seront pour elle des moyens qui l'uniront à celui qu'elle a eu le bonheur de prendre pour l'unique portion de son héritage.

Magdeleine a compris qu'il n'y avait pas de capitulation à faire avec Dieu. Elle a compris que tout son cœur, toutes ses œuvres devaient être pour le divin Maître qu'elle devait aimer de toute son âme, de tout son esprit et de toutes ses forces.

Est-ce ainsi que nous servons Dieu? Est-ce ainsi que nous l'aimons?

SECOND POINT.

Dans le monde, on sait bien qu'il faut servir Dieu et l'aimer si on veut être sauvé; mais on voudrait bien ôter de son service et de son amour tout ce qu'il y a d'onéreux et laisser seulement ce qu'il y a d'agréable. On voudrait aimer Dieu à condition qu'on aimerait avec lui et peut-être plus que lui, tout ce qu'il n'aime point et qu'il condamne dans les vanités mondaines. On voudrait le servir et l'aimer à condition qu'il sera permis d'avoir honte de son amour, de s'en cacher comme d'une faiblesse, de rougir de lui comme d'un ami indigne d'être aimé, de lui donner seulement quelque extérieur de religion pour éviter le scandale et de vivre à la merci du monde pour ne rien donner à Dieu qu'avec la permission du monde même. Quel service et quel amour!

Dieu peut-il être content d'une âme qui a de pareilles dispositions? Cette âme elle-même peut-elle goûter cette paix que Dieu réserve à ses véritables et bons serviteurs?

Si nous voulons sauver notre âme, n'oublions jamais que nous devons renoncer à tout ce qui est opposé à la loi sainte et que nous devons aimer Dieu sans réserve, de tout notre cœur, de tout notre esprit et de toutes nos forces.

A l'exemple de Magdeleine, détachons-nous de tout ce qui est terrestre et périssable, pour nous donner uniquement à celui qui doit être notre félicité dans le ciel. Disons avec François de Sales : « Seigneur, ou ôtez-moi du monde, ou ôtez le « monde de mon cœur. »

PRIÈRE.

Quand je considère, ô mon Dieu, par combien de titres vous méritez d'être aimé, quel regret ne dois-je point avoir de me trouver encore si peu touché de votre amour et si indifférent pour votre service. Faites-moi la grâce, ô mon Dieu, que mon cœur, comme celui de sainte Magdeleine, soit embrasé de votre amour divin et que je vous serve fidèlement et toujours selon votre volonté sainte.

QUATRIÈME JOUR DE LA NEUVAINE.

4ᵉ Méditation.

Sur la Conformité à la volonté de Dieu.

PREMIER POINT.

La conformité à la volonté de Dieu est un devoir indispensable.

Le plus grand bonheur d'une créature raisonnable c'est de vouloir ce que veut son créateur Les saints ne sont saints que parce que leur volonté est conforme à celle de Dieu. Une âme qui n'est pas contente de ce que Dieu veut, entreprend en quelque façon sur l'autorité de Dieu. Vouloir que les choses que ce bon Maître ordonne et permet en ce monde, aillent autrement qu'elles ne vont, c'est vouloir que Dieu ne soit pas le maître. Puisque rien ne se fait ici-bas, non plus que dans le ciel, que par la volonté ou par la permission de Dieu, il ne faut donc vouloir que ce qu'il veut, n'avoir garde de se plaindre d'une perte, d'une maladie, d'une contrariété, parce que tout ce qui est pénible en ce monde change de nature en passant par les mains de Dieu. Ce que nous appelons afflictions, disgrâces, malheurs, est un avantage et une faveur du ciel, quand on le regarde dans l'ordre de la Providence. Magdeleine soumise en tout à la volonté divine, recevait avec une entière résignation, sans murmure et sans résistance, mais plutôt avec actions de grâces, tout ce qui lui arrivait, épreuves, ennuis, douleurs, retraites, consolations. Comme son unique bonheur était de glorifier et d'honorer Dieu de la manière la plus excellente, en voulant ce qu'il voulait, lorsqu'il le voulait et comme il le voulait, elle quitte sans tristesse sa maison de Béthanie, traverse les mers, et vient se fixer pendant trente-trois ans dans l'antre du désert, que son divin époux lui donne pour retraite.

Oh! que l'exemple de Magdeleine nous fait bien comprendre combien il est indispensable d'être soumis à la volonté de Dieu. Les hommes cependant n'aiment pas toujours cette volonté sainte parce qu'elle ne s'accorde pas avec leurs désirs. C'est pour cela qu'ils ne sont ni heureux, ni contents. S'ils l'aimaient, ils feraient de la terre un ciel; ils remercieraient Dieu de tout, des maux comme des biens, puisque les maux deviennent biens quand il les donne; ils ne mur-

mureraient plus de la conduite de la Providence, ils la trouveraient sage, ils l'adoreraient.

SECOND POINT.

La conformité à la volonté de Dieu fait notre bonheur.

Heureux l'homme en effet qui se soumet en tout aux volontés divines, qui s'abandonne à la Providence, qui se laisse conduire par la sagesse de Dieu et qui espère tout de sa bonté. Rien ne s'oppose à ses désirs, parce qu'il ne souhaite que ce que Dieu veut, et tout arrive selon sa volonté parce qu'il veut et approuve sincèrement tout ce qui lui arrive. O heureuse paix! O douce tranquillité! vous êtes le partage et la récompense de ces âmes fidèles qui se reposent en Dieu, parce qu'elles n'ont jamais d'autre volonté que la sienne. C'était cette paix, qui est un avant-goût des délices du ciel et la source d'une joie inaltérable, que goûtait Magdeleine dans son désert. Les austérités de la pénitence, les épreuves n'altéraient jamais ce calme intérieur dont elle jouissait ; car le calme devient pour le juste un trésor que personne ne peut lui ravir, puisque la source qui le produit est intarissable et que le fond de l'âme où il réside est inaccessible à toute la malignité des hommes. Faisons maintenant un retour sur nous-mêmes. Combien de murmures, d'impatiences, d'inquiétudes, quand il faut un peu souffrir, quand il faut obéir? Combien de fois la pauvreté, les croix intérieures et extérieures, les mauvais succès, les mépris ont-ils rempli notre cœur d'amertume et de trouble. Notre cœur eût été calme, si nous eussions regardé tout cela comme des faveurs véritables que Dieu distribue à ses amis et dont il daigne nous faire part ; le monde aurait changé de face pour nous, et rien n'aurait été capable de nous enlever notre paix.

PRIÈRE.

Mon Dieu, puisqu'il est certain qu'il ne peut rien arriver dans ce monde que par votre ordre ou votre permission, et que les biens et les maux, la mort et la vie, la pauvreté et les richesses viennent également de vous, il est bien juste de nous y soumettre avec amour et avec respect et de recevoir de bon cœur tout ce qui arrive de fâcheux et d'agréable. Faites, ô mon Dieu, que je profite mieux désormais de vos bontés et ne permettez pas que ce que vous m'avez donné pour mon salut me soit un sujet d'une plus grande condamnation.

CINQUIÈME JOUR DE LA NEUVAINE.

5ᵉ Méditation.

Sur l'Esprit d'oraison de sainte Magdeleine dans la solitude de la Sainte-Baume.

PREMIER POINT.

De l'estime que sainte Magdeleine avait pour l'oraison.

Sans oraison il ne peut y avoir de vie vraiment spirituelle, ni de vrai amour de Jésus, car la prière est l'âme de cette vie et de cet amour. Mais il ne suffit pas pour avoir l'esprit d'oraison de prier à certain temps réglé ; il faut que l'âme tende aussi continuellement que possible à s'entretenir avec Dieu par le souvenir de sa présence et un recours fréquent vers lui, ce qui ne peut être qu'en pratiquant le recueillement, en fuyant les occasions dissipantes et surtout les entretiens inutiles. Marie Magdeleine, qui connaissait cette voie toute spirituelle, aurait donné volontiers, comme saint Bernard, toutes les délices de la terre pour une heure d'oraison ; aussi savait-elle, pour se procurer un tel bonheur, vaincre les répugnances de la nature qui ne demande que le repos, et les tentations du démon, toujours acharné contre les âmes d'oraison. Elle puisait dans le saint exercice une parfaite pureté de cœur, une grande abondance de lumière pour sa conduite. En sortant de ses entretiens avec Jésus, elle était tellement enflammée du zèle de sa gloire, qu'elle eût voulu sacrifier mille vies pour plaire à cette divine majesté. Pendant les trente-trois années de retraite à la Sainte-Baume, le cœur de notre illustre Pénitente s'élevait constamment à Dieu sans entrave. Les préoccupations terrestres n'interrompaient jamais ses entretiens avec son bien-aimé. Toujours inclinée au silence et à l'oraison, elle ne discontinue pas de se livrer à ces saints exercices, qui lui procurent des délices inénarrables. Oh! si le monde eût essayé de l'arracher à sa solitude, Magdeleine assurément eût emmené la solitude avec elle, car rien ne pouvait lui ravir sa paix, puisque sa vie était toute à Dieu seul avec Jésus.

Méditons un instant : regardons-nous l'oraison comme un exercice digne des anges et comme une faveur insigne que Dieu nous fait de nous souffrir en sa présence et de nous honorer de sa conversation? N'avons-nous pas apporté quelque négligence à ce saint exercice? N'aurions-nous pas regretté le peu de temps que nous avons consacré à l'oraison?

DEUXIÈME POINT.

Des moyens que sainte Magdeleine employait pour conserver l'esprit d'oraison.

Si nous comprenions les avantages de l'oraison, rien ne serait capable de nous en détourner. Il est néanmoins étonnant de voir avec combien peu d'estime et de générosité soutenue, nous envisageons ce saint exercice. Jésus nous fait l'honneur de nous inviter à lui parler familièrement et nous ne faisons presque aucune attention à sa voix ; il nous promet des biens en abondance si nous nous approchons de lui et nous nous tenons éloignés de cette source sacrée de tout don parfait, sur quelque léger prétexte. Cependant nous gagnerions bien plus dans une heure d'oraison que par les plus longues conversations avec les créatures.

Apprenons aujourd'hui de Magdeleine la grande estime que nous devons avoir pour ce saint exercice, et surtout les moyens que nous devons employer pour conserver l'esprit d'oraison jusqu'au dernier instant de notre vie.

La bienheureuse Magdeleine, qui savait le dommage qu'apportent à l'âme les impressions étrangères aux choses de Dieu, la négligence des devoirs spirituels et l'absence des mortifications volontaires, veillait continuellement sur elle pour se tenir libre et dégagée de tous les embarras. Elle soupirait, gémissait, priait pour obtenir la grâce d'être unie à Dieu de plus en plus, d'aimer ce tendre Maître et de le faire aimer par toutes les créatures. Elle était satisfaite de trouver des occasions de souffrir et de se faire violence ;

et bien loin de laisser échapper celles qui se présentaient, quelque opposées qu'elles fussent à son humeur, elle en profitait avec joie et les regardait comme un des plus grands bonheurs de cette vie. Par l'emploi continuel de tous ces moyens, notre sainte Solitaire était toujours plus recueillie et plus unie à Dieu; elle avait plus d'horreur pour le péché, plus de respect pour les choses saintes, plus de haine pour elle-même et plus d'aversion pour le monde.

O sainte Magdeleine, laissez tomber sur mon âme une étincelle de ce feu qui dévorait la vôtre, afin que je sois plein d'estime pour l'oraison et que j'emploie tous les moyens pour conserver l'esprit de ce saint exercice.

PRIÈRE.

Mon Dieu, est-il possible qu'un moyen aussi puissant qu'est l'oraison pour retirer les âmes du péché, pour les embraser d'amour et pour les affermir dans votre service, ait fait en moi jusqu'à cette heure si peu de changement; et qu'une source si féconde de toutes grâces se trouve comme tarie pour moi? Ne permettez pas, ô mon Dieu, que j'abuse plus longtemps de vos miséricordes, et faites-moi la grâce d'être plein d'estime pour l'oraison et que j'emploie tous les moyens pour ne laisser passer un seul jour sans me livrer à ce saint exercice.

SIXIÈME JOUR DE LA NEUVAINE.

6ᵉ Méditation.

Sur l'Esprit de mortification de sainte Marie Magdeleine.

PREMIER POINT.

La mortification et l'oraison tiennent en leurs mains la clef des trésors du Seigneur. Elles sont sûres d'ouvrir les cieux à tous ceux qui ont le bonheur d'être revêtus de ces deux vertus. C'est ce qui a fait dire à un pieux serviteur de Dieu (1), que ces deux excellentes sœurs font souvent le voyage de la terre au ciel, et sont si fort connues des portiers du paradis, qu'ils ne leur refusent jamais l'entrée.

La mortification est une vertu qui fait que le chrétien travaille par les souffrances et par les privations à assujettir sa chair et à réprimer ses

(1) Grenade.

mouvements. La mortification est donc une mort lente. Celui qui se mortifie constamment peut dire, en vérité, avec l'apôtre : je meurs tous les jours.

Pour être parfaite, la mortification doit être extérieure et intérieure. Il faut qu'elle soit extérieure, parce que le chrétien ne doit pas vivre selon la chair, mais selon l'esprit ; parce que si nos membres ont servi à l'iniquité, il faut qu'ils servent à la justice ; enfin, parce que la mortification nous sépare de nous-mêmes et nous unit à Dieu.

Tous les saints ont suivi cette route qui les a conduits au ciel ; tous, ils ont été ennemis de leurs corps. Sainte Magdeleine aussi, qui savait que, si on ne devient pas saint précisément par le moyen des mortifications, on ne le devient jamais sans l'esprit qui les fait pratiquer, fut avide de souffrances intérieures et de macérations.

Le chemin de la croix est fatigant, il est vrai, mais il conduit ceux qui le suivent, à la gloire des saints, au triomphe des martyrs. Les heureux affligés, qui n'auront pas craint de se blesser au milieu des épines, chanteront à Dieu, dans l'allégresse de leur victoire, un cantique nouveau que les anges ne peuvent redire, parce que les anges n'ont jamais porté la croix.

Quelle illusion d'aspirer au triomphe, et de négliger les moyens les plus nécessaires pour y parvenir ! de vouloir être saint, et de ne pas se faire violence par une mortification universelle et persévérante !

SECOND POINT.

Si la mortification doit être extérieure, elle doit être aussi intérieure, car « si bonne que soit la « pénitence, dit sainte Catherine de Sienne, pour « dompter la partie inférieure de nous-mêmes, « pour la soumettre à l'esprit, la perfection ne « consiste pas à macérer son corps, mais à dé- « truire sa volonté propre. »

Ainsi ces deux vertus n'en font qu'une, et l'une doit accompagner l'autre ou plutôt l'animer. Qui dira jusqu'à quel degré de dégagement et de mortification de l'esprit et du cœur, cette vraie servante de Dieu, Marie Magdeleine, parvint dans son antre ou désert ? Elle ne prenait plaisir à quoi que ce fût, si ce n'est dans le recueillement, la prière, la conversation avec le tendre Sauveur. Ses seules délices étaient de plaire à Dieu qui la gratifiait de grâces spéciales comme étant sa fille bien-aimée ; sa volonté était toute perdue dans celle de Dieu. Constamment soumise à toutes les épreuves, elle était toujours une hostie immolée, corps et âme, à l'amour de Jésus. Dans le creuset qui la purifie, chacune de ses mortifications, chaque goutte de sang qu'elle verse pour l'amour de Jésus, est comme un trait qui, lancé vers le ciel, attire sur elle les faveurs les plus délicieuses. Oh! que les voies des saints sont différentes des nôtres, ainsi que les moyens qu'ils emploient pour être agréables au divin Époux!

Réfléchissons sur cette grande vérité, que l'essence de la perfection chrétienne consiste dans le combat incessant et la victoire des passions intérieures. Sans cette abnégation, comme sans l'esprit d'oraison continuelle, tous les exercices de piété sont un corps sans âme et une simple apparence de vertu.

Les saintes âmes, qui ont appris qu'on ne perd rien de ce qu'on offre à Dieu, ne savent ce que c'est que d'avoir pitié de la nature, quand il s'agit d'immoler un corps et des inclinations dont Dieu demande le sacrifice.

Offrons-nous donc à ce grand Dieu mille fois le jour, s'il est possible; mortifions notre chair, notre esprit; ne laissons pas vivre ni l'un ni l'autre à leurs propres satisfactions; ne craignons pas ce sacrifice, puisque notre hostie demeurera, après son immolation, plus entière et plus parfaite; car les victimes que l'on immole à Dieu, dit la vénérable mère Françoise des Séraphins, ne tombent pas mortes au pied d'un autel, elles demeurent debout au pied de la croix.

PRIÈRE.

Puisque notre humeur et nos inclinations, ô mon Dieu, sont la source de tous nos dérèglements; que les péchés qui en naissent sont plus fréquents, plus griefs et plus dangereux qu'on ne s'imagine, et que d'agir par leurs mouvements, ce n'est pas agir en chrétien, mais c'est vivre selon la chair, je suis résolu, moyennant votre sainte grâce, ô mon Dieu, de les mortifier sans cesse, de ne les écouter jamais et d'y renoncer dans toutes mes actions, afin que je puisse m'offrir à vous comme une victime mortifiée selon la chair et vivifiée selon l'esprit.

SEPTIÈME JOUR DE LA NEUVAINE.

7e Méditation.

Du Trésor du cœur.

Le trésor se trouve dans tous les objets auxquels notre cœur est attaché.

Le cœur humain, fût-il enveloppé dans les ténèbres les plus épaisses, fût-il variable tous les jours dans ses mouvements, découvre aisément ses inclinations dominantes. Il n'a qu'à voir où il a mis son trésor; car où est le trésor, là est aussi le cœur.

Comme sur la terre chacun a son trésor, méditons un instant, et examinons si celui que nous avons peut nous rendre heureux ou malheureux. L'un met ses affections dans sa grandeur et dans son opulence ; l'autre dans son esprit ou dans ses plaisirs, dans sa réputation ou dans sa science. C'est là que son cœur est attaché ; c'est là ce qui occupe toutes ses pensées et ce qui absorbe tous ses sentiments. Notre cœur est-il affectionné à quelqu'une de ces vanités terrestres et périssables, nous sommes malheureux, car le monde n'a rien qui soit digne de l'amour d'une âme immortelle ; il n'a pas même de quoi payer ceux qui le servent. Ses divertissements, ses honneurs peuvent embarrasser le cœur humain, mais ils ne peuvent pas le satisfaire ni le remplir, puisque, n'étant que des illusions et des ombres, ils rendent l'homme méchant et ne l'empêchent pas d'être malheureux.

La multitude, il est vrai, marche par cette voie large et commode, et place son trésor dans les biens périssables de la terre. Ne la suivons pas, cherchons les traces du petit nombre, les pas des saints qui nous conduiront sûrement au seul objet digne d'être notre trésor.

Soyons à Dieu puisque nous appartenons à Dieu. Si nous ne sommes à lui de bon cœur comme ses enfants, nous serons à lui malgré nous comme ses esclaves. Il faut nécessairement que nous vivions sous l'empire de sa bonté ou sous l'empire de sa justice.

SECOND POINT.

Dieu seul est le trésor du vrai chrétien.

Celui qui met son trésor dans les biens de ce monde, ne le cherche pas en Dieu. C'est cependant ce Dieu qui doit être l'unique trésor de notre cœur; c'est dans lui seul qu'un vrai chrétien cherche son repos, sa joie et son bonheur; il compte pour rien des biens que le temps consume, que la mort nous ravit, dont l'habitude nous dégoûte; le seul véritable bien qu'il désire, c'est le Dieu qui sait être sur la terre l'objet de son amour et sa récompense dans le ciel. Magdeleine, voulant posséder Jésus seul, qui est son trésor, s'humilie aux pieds de son crucifix, cherche sa consolation dans la prière, et, dans ses veilles comme dans ses souffrances, bien loin de se livrer au découragement, elle est heureuse d'être jugée digne d'avoir quelque ressemblance avec Jésus souffrant. Chaque jour elle mourait de plus en plus à la possession et à l'usage des biens extérieurs, de sa volonté, de sa vie et de tout ce qui passe. Elle n'apercevait plus, elle n'estimait plus, elle ne goûtait plus en toutes choses, d'esprit et de fait, que le fidèle, immuable et bon Jésus.

Heureuse Magdeleine qui pouvait dire effectivement tout l'univers ne m'est rien, Jésus seul est mon tout! Son cœur aussi devint-il un parterre où l'Époux divin prenait ses délices. C'était dans ce jardin, fermé à tout autre qu'à lui, que Jésus cultivait les fleurs des vertus intérieures, les lys d'une pureté sans tâche et les roses d'un amour très-ardent.

O Magdeleine! délicieuse plante du jardin de l'Époux céleste, bonne odeur de Jésus, protégez-nous, intercédez pour nous, afin que nous obtenions la grâce d'avoir Jésus seul pour notre unique trésor.

PRIÈRE.

Mon Dieu, qu'il y a d'aveuglement dans les âmes qui courent après la gloire de ce monde! Cette gloire n'est qu'un peu de vent et de fumée et cependant il faut souvent s'épuiser pour l'acquérir. Détrompez-moi d'une illusion si commune et si pernicieuse. Éclairez-moi, ô mon Dieu, afin que je règle mieux désormais mon amour et mon estime, et que mon cœur soit toujours à vous, qui seul devez être mon trésor.

HUITIÈME JOUR DE LA NEUVAINE.

8ᵉ Méditation.

Sur la Vie d'immolation de la bienheureuse Magdeleine dans son antre de la Pénitence.

PREMIER POINT.

Celui qui, étant la sainteté même, a voulu se charger de nos iniquités et porter sur lui nos langueurs, n'a pas terminé son sacrifice sur le Calvaire. Il le prolonge encore dans ses saints, qui sont les membres de son corps mystique et qui achèvent, selon les paroles de l'apôtre, « ce qui manque à la passion du Sauveur, » c'est-à-dire, qui prennent part à la passion de Jésus en s'immolant par la donation d'eux-mêmes, par la mortification, par la souffrance et par une vie surnaturelle et transformée [1].

Heureuses sont donc les âmes choisies pour entrer en participation des douleurs et du sacrifice de Jésus crucifié ! Si ces fidèles domptent leur chair, s'ils en font une hostie immolée au

[1] Vies des B. de l'ord.

souverain bien par des croix multiples et lourdes, ils sont assurés d'avoir la consolation de répandre dans l'Église de Dieu et devant le trône de l'Agneau, une odeur, de toutes les odeurs la plus exquise, qui est celle d'être victime du Seigneur(1); car, de toutes les dispositions de l'âme, dit le père Pény, qui glorifient le Seigneur, ce qu'on appelle être à Dieu un sujet de bonne odeur, il n'en est point qui exhale un plus doux parfum et qui lui procure plus de gloire, que la disposition ou la vie intérieure de ces âmes qui sont comme autant de victimes du Seigneur. Oh! que cet état d'immolation est avantageux à l'âme pour s'avancer dans l'amour divin, puisque Dieu n'a rien de plus grand à donner en cette vie que les occasions et la grâce de souffrir. Le fils de Dieu est mort en croix pour prendre possession de sa gloire; tous les saints sont entrés dans le ciel par la voie des souffrances et de l'immolation. Souffrez avec courage jusqu'à la mort, dit notre Seigneur à sainte Catherine de Sienne; ce sera le signe évident de votre amour pour Dieu.

Il est possible que la grâce ne nous demande pas des sacrifices pénibles, une immolation extraordinaire. Cependant gardons-nous d'avoir la pensée de croire que ce qui a tant coûté au fils de Dieu et aux saints, ne doit rien nous coûter? La

(1) Odor suavissimus, victima Domini. (Ex. xxix, 18.)

croix n'est-elle pas le partage et la marque des élus ? Notre Seigneur n'a-t-il pas dit à tous : renoncez à vous-même, portez votre croix et suivez-moi.

Serions-nous comme ces âmes délicates qui, voulant faire pénitence sans rien souffrir, apportent tous leurs soins pour éviter ce qui pourrait leur procurer quelque peine !

SECOND POINT.

L'esprit de pénitence et de sacrifice fit de Magdeleine une victime toujours immolée à la gloire du Père céleste. Que voit-on en effet dans cette illustre Pénitente, pendant les trente-trois ans qu'elle passa au désert ? Une créature qui crucifie sa chair et son esprit par d'épouvantables rigueurs; une âme sainte que l'amour divin immole par un long martyre.

La Sainte-Baume vit alors se renouveler les austérités de la Thébaïde. Les veilles, les macérations, les tourments volontaires, l'âpreté des saisons, la solitude profonde, faisaient les délices de cet ange du désert, parce que c'était avec les épines habituelles, qui plaisent tant au divin Époux, que Magdeleine ornait le beau lys de son cœur pour l'offrir toujours plus pur, toujours plus beau à celui qui avait donné son sang pour la rédemption des hommes, et qui devait être sa félicité dans les cieux.

Nous n'avons pas certainement à passer par des épreuves si rudes, nous n'avons pas à supporter des croix aussi lourdes, des travaux aussi pénibles, et cependant quelle est notre patience, notre résignation dans les petites croix que le divin Sauveur nous présente à côté de la sienne toute couverte de sang.

Que nous serions heureux si une étincelle de ce beau feu qui consumait Magdeleine sur son roc, tombait sur notre pauvre cœur ! Elle produirait en nous un incendie d'amour et de désir d'immolation. Alors toutes nos pensées, toutes nos paroles, toutes nos actions ne respireraient que charité et anéantissement.

O Magdeleine, ô sainte victime de Jésus, protégez-nous ! priez pour nous !

PRIÈRE.

O mon Dieu, puisque la vie du chrétien est un martyre continuel, et qu'elle doit se passer sur la croix et dans la pénitence, ne permettez pas que je suive une autre voie, qui certainement m'éloignerait de vous ; faites-moi la grâce, ô mon Dieu, que, rempli d'amour pour vous et d'horreur pour le péché, je porte avec constance et résignation les croix qu'il plaira à votre bonté de me donner.

NEUVIÈME JOUR DE LA NEUVAINE.

9ᵉ Méditation.

Sur la précieuse Mort de sainte Marie Magdeleine.

PREMIER POINT.

Considérons les admirables dispositions dans lesquelles était l'illustre Pénitente avant de mourir.

Les trente-trois années qui furent pour Magdeleine, dans l'antre du désert, des années de rigoureuses pénitences, alimentées, il est vrai, par ces suavités divines qui ravissent l'âme et la soutiennent au milieu des combats, touchaient à leur fin.

Magdeleine, immobile sur son roc, attendait avec cette joie pure qui est le partage des saints, le moment de sa délivrance qui devait la fixer dans la possession de son trésor. La Sainte-Baume est soudain illuminée par une vive clarté céleste…! Quel bonheur ineffable…! Le Saint des Saints, entouré de ses anges, abaisse les cieux et vient visiter la bienheureuse Pénitente !

Dès lors Magdeleine, inondée de consolations célestes, oublie, plus qu'auparavant, qu'elle est en exil encore, et ne pense qu'aux cieux. Oh ! que ses désirs pour la béatitude éternelle sont ardents !

Pendant ces moments d'extase et de bonheur, les anges saints, toujours soumis aux ordres du

Tout-Puissant, se présentent à la Bienheureuse et lui disent : « Magdeleine, l'heure de la délivrance « est arrivée; ce n'est plus dans la grotte, ou sur le « couronnement du rocher, que vous célébrerez « vos concerts avec nous; c'est au ciel! quittez vo- « tre retraite, c'est la volonté du divin Époux. » Après ces paroles, les sublimes intelligences élèvent Magdeleine dans les airs et la transportent de la Baume près de l'abbaye de saint Maximin.

Méditons un instant. L'illustre Solitaire reçut avec joie l'annonce de sa délivrance parce qu'elle avait accompli avec la plus grande fidélité les adorables volontés de son Maître et Sauveur; mais nous qui avons été si peu soumis à la voix de la grâce, quels seraient nos sentiments si Dieu nous appelait en ce moment à lui, ou nous donnait avis de notre fin prochaine ? Le temps que nous avons passé dans le péché ou dans l'inutilité, notre vie peu réglée, notre négligence à travailler à notre salut, pourraient peut-être nous inspirer quelque crainte et s'élever contre nous. Soyons chrétiens, tenons-nous prêts, chaque jour, à recevoir l'annonce de notre mort, puisque chaque jour nous pouvons mourir.

SECOND POINT.

Considérons Magdeleine rendant le dernier soupir, à l'abbaye de saint Maximin.

Comme le flambeau qui jette une lueur plus vive avant de s'éteindre, ainsi Magdeleine semble répandre, à cet instant suprême, un feu plus ardent, par la charité dont son cœur débordait. Ses yeux auparavant remplis de larmes deviennent lucides, ses traits s'illuminent, une grave et douce animation la vivifie. Elle a sur son visage quelque chose d'éthéré qui s'enfuit de la terre; quelque chose qui surpasse la région des sens émane de son âme. Oh! que le divin Sauveur est admirable dans ses saints.

L'unique préoccupation de la Bienheureuse en ce moment, c'est de recevoir le plus grand de tous les dons, le pain des anges dans la sainte communion. Déposée par les anges près de l'abbaye, Magdeleine arrive seule à l'oratoire, se tient immobile en face du saint autel et attend l'accomplissement des dispositions de la divine Providence. Le saint pontife Maximin, docile à la voix du ciel, vient de sa ville épiscopale à son abbaye. A peine sur le seuil de l'édifice sacré, il aperçoit, au milieu du chœur, la bienheureuse Magdeleine, les bras étendus, le corps élevé en l'air, répandant une clarté plus vive que celle du soleil. Le pontife, pénétré du respect le plus profond, immobile sur la première dalle de l'oratoire, entend Magdeleine qui lui dit avec douceur : « O « mon père, approchez de votre servante : venez « voir la splendeur dont le Dieu de bonté veut bien « m'environner. » C'est alors que saint Maximin pénètre dans le temple, offre le saint sacrifice et donne à la Bienheureuse le corps, le sang, l'âme et la divinité de Notre Seigneur Jésus-Christ.

Magdeleine, en ce moment, a toute son âme en feu; mais son pauvre corps pâlit en présence de tant de faveurs inénarrables..! il frissonne..! il tombe en défaillance..! Pendant que les saints anges accourent et soutiennent ce corps qui succombe, la sainte victime, immolée par l'amour divin, se prosterne devant l'autel et rend son âme à son créateur !

C'est ainsi que Dieu se plaît à honorer ses saints! c'est ainsi que Jésus couronne ses propres dons !

O mort précieuse de sainte Magdeleine, que vous êtes à envier !

Grande Sainte, qui possédez maintenant au ciel un bonheur permanent, daignez jeter sur nous un regard favorable, protégez-nous, afin qu'un jour nous puissions avec vous chanter éternellement les miséricordes du Seigneur.

PRIÈRE.

Mon Dieu, qu'heureuse est l'âme qui vous aime, qui se plaît à reconnaître que vous êtes infiniment parfait et qui consacre tous ses instants à votre gloire ! Elle a trouvé le grand secret d'être heureuse pendant la vie et surtout au moment de la mort. Faites-moi la grâce, ô mon Dieu, de vivre désormais en vous et pour vous, afin que ma mort, comme celle de votre illustre servante Magdeleine, soit précieuse devant vous, ô mon Dieu. Ainsi soit-il.

LITANIES

DE SAINTE MARIE MAGDELEINE.

Kyrie, eleison.
Christe, eleison.
Christe, audi nos.
Christe, exaudi nos.
Pater de cœlis, Deus, miserere nobis.
Fili, Redemptor mundi, Deus, miserere nobis.
Spiritus sancte, Deus, miserere nobis.
Sancta Trinitas, unus Deus, miserere nobis.
Sancta Maria Magdalena, ora pro nobis.
Sancta Maria Magdalena, quæ attulisti alabastrum unguenti,
Sancta Maria Magdalena, quæ lacrymis pedes ejus rigasti,
Sancta Maria Magdalena, quæ capillis capitis tui eos abstersisti,
Sancta Maria Magdalena, cui dimissa sunt peccata multa,
Sancta Maria Magdalena, ardore caritatis succensa,
Sancta Maria Magdalena, Domino gratissima,
Sancta Maria Magdalena, à Jesu multùm dilecta,
Sancta Maria Magdalena, quæ optimam partem elegisti,

Ora pro nobis.

Sancta Maria Magdalena, quæ pendenti in cruce Christo fideliter adstitisti,
Sancta Maria Magdalena, quæ à monumento Dominico, recedentibus Discipulis, stetisti,
Sancta Maria Magdalena, quæ Christum resurgentem prima Discipulorum videre meruisti,
Sancta Maria Magdalena, quæ Christi resurrectionem Apostolis nuntiasti,
Sancta Maria Magdalena, dulcis pœnitentiam agentis advocata,
Sancta Maria Magdalena, ut tecum mereamur perfrui felicitate æternâ,
Agnus Dei, qui tollis peccata mundi, parce nobis Domine.
Agnus Dei, qui tollis peccata mundi, exaudi nos Domine,
Agnus Dei, qui tollis peccata mundi, miserere nobis.

℣. Ora pro nobis, beata Maria Magdalena.

℟. Ut digni efficiamur promissionibus Christi.

OREMUS.

Largire nobis, clementissime Pater, ut sicut beata Maria Magdalena Dominum nostrum Jesum-Christum super omnia diligens, suorum obtinuit veniam peccatorum, ità nobis apud tuam misericordiam sempiternam impetret beatitudinem. Per Dominum.

HYMNE
EN L'HONNEUR DE SAINTE MARIE MAGDELEINE.

Pange, lingua, Magdalenæ
Lacrymas et gaudium
Sonent voces laude plenæ
De consensu cordium,
Ut concordet philomelæ
Turturis suspirium.

Jesum quærens convivarum
Turbas non erubuit.
Pedes unxit lacrymarum,

Fluvio quod abluit,
Crine tersit, et culparum
Lavacrum promeruit.

Suum lavit mundatorem,
Rivo fons immaduit,
Pium fudit fons liquorem
Et in ipsum refluit,
Cœlum terræ dedit rorem,
Terra cœlum compluit.

In prædulci mixtione
Nardum ferens mysticum
In unguenti fusione
Typum gessit mysticum
Ut sanitur unctione
Unxit ægra medicum.

Gloria et honor Deo,
Qui paschalis hostia,
Agnus morte, pugnâ leo,
Victor die tertiâ
Resurrexit cum trophæo,
Mortis ferens spolia.

  Amen.

HYMNE.

Lauda, Mater Ecclesia,
Lauda Christi clementiam,
Quæ septem purgat vitia
Per septiformem gratiam.

Maria, soror Lazari,
Quæ tot commisit crimina,
Ab ipsâ fauce tartari
Redit ad vitæ lumina.

Post fluxæ carnis scandala
Fit ex lebete phiala,
In vas translata gloriæ,
De vase contumeliæ.

Ægra currit ad medicum,
Vas ferens aromaticum,
Et à morbo multiplici
Verbo curatur medici.

Surgentem cum victoriâ
Jesum videt ab inferis,
Prima meretur gaudia
Quæ plùs ardebat cæteris.

Contriti cordis punctio
Cum lacrymarum fluvio
Et pietatis actio
Ream solvit à vitio.

Uni Deo sit gloria,
Pro multiformi gratiâ,
Qui culpas et supplicia
Remittit et dat præmia.

Amen.

LES GAUDE

DE SAINTE MARIE MAGDELEINE,

Qui se chantaient, tous les Dimanches et Fêtes, près de la Crypte

à Saint-Maximin.

Gaude, pia Magdalena,
Spes salutis, vitæ vena,
   Lapsorum fiducia.

Gaude, dulcis advocata
Pœnitendi forma data
   Miseris post vitia.

Gaude, felix Deo grata,
Cui dimissa sunt peccata
   Speciali gratiâ.

Gaude, lotrix pedum Christi
A quo tanta meruisti
   Amoris insignia.

Gaude, primo digna frui
Visu redemptoris tui,
   Surgentis cum gloriâ.

Gaude, quæ septennis horis,
Es ab antro vecta foris,
   Ad cœli vestigia.

Gaude, quæ nunc sublimeris,
Et cum Christo gloriaris,
   In cœlesti curiâ.

Fac et nos ipsi pœnitere
Ut post mortem, lucis veræ
   Sortiamur gaudia.

Amen.

CANTIQUES

Composés par M. Laurent Durand, Prêtre du Diocèse de Toulon.

LES LARMES DE SAINTE MAGDELEINE

AU DÉSERT DE LA SAINTE BAUME.

Air : *Où êtes vous, Birenne, mon amour ?*

Sombre forêt, prends part à mes douleurs ;
Bois sans pareil, désert de la Provence,
Le cœur contrit, les yeux noyés de pleurs,
Je viens ici pour faire pénitence.

Creux du dragon, insensible rocher
Que je choisis pour ma chère demeure,
Entends mes pleurs, et t'y laissant toucher,
Pleure avec moi jusqu'à ce que je meure.

Ah ! c'est trop peu que tu pleures trente ans ;
Après ma mort il faut que de ta voûte,
Tant que les cieux feront durer le temps,
Tes claires eaux distillent goutte à goutte.

Monstres affreux, farouches animaux,
Sortez d'ici, cédez-moi cette Baume ;
Mon médecin y veut guérir mes maux,
Changeant mes pleurs en un souverain baume.

L'âme et le corps ont irrité mon Dieu
En ajoutant offense sur offense ;
J'ai résolu que tous deux en ce lieu,
Pour l'apaiser, embrassent la souffrance.

Si le Sauveur m'accorde le pardon,
Si sa bonté m'affranchit du supplice,
Je ne dois pas, en pensant qu'il est bon,
Mettre en oubli les droits de sa justice.

Puisque sa main ne veut pas me punir,
Par un effet de son amour extrême,
J'en veux garder l'éternel souvenir,
Et châtier mes péchés par moi-même.

Tout doit pleurer dans cet antre pleureur;
Tout doit sans fin témoigner ma tristesse,
Et faire voir combien je sens d'horreur
D'avoir été si longtemps pécheresse.

Conçois, mon cœur, des regrets éternels;
Déplore ici les flammes criminelles,
Qui consumaient tant de cœurs criminels,
Les engageant aux flammes éternelles.

Pour mettre ici mes vanités à bas,
Mon triste cœur m'en fournira les armes;
Par mes sanglots, les perles de mes bras
Enfanteront les perles de mes larmes.

Pleurez mes yeux sans dire c'est assez,
Que dans vos eaux je sois toujours noyée
Pour effacer des crimes effacés,
Et nettoyer mon âme nettoyée.

Ah! mes soupirs, confessez mon erreur,
Et vous, mes mains, vengez d'un Dieu l'outrage,
En vous armant d'une sainte fureur,
Pour amortir le teint de mon visage.

Les vains objets qui ravissaient mes sens,
N'auront pour moi désormais plus d'amorce;
Mon chaste époux par ses traits ravissants
M'en fait jurer un éternel divorce.

J'aurai toujours la douleur pour mon pain,
Mon cher époux pour mon heureux partage,
Pour mon miroir une croix à la main,
Le roc pour lit, et mes pleurs pour breuvage.

Je veux enfin en l'état où je suis,
Pleurer toujours ma lâche ingratitude;
Je veux nourrir mes regrets, mes ennuis,
Dans le recoin de cette solitude.

RÉFLEXION.

Pleure, pécheur, tes péchés à ton tour ;
En te moulant sur notre Pénitente,
Va quelques fois visiter son séjour ;
Pour ranimer ton âme languissante.

Tout ce saint lieu t'invite à te sauver :
Son bois affreux t'apprend la vie austère ;
L'eau de son roc, à toujours te laver,
Et son cachot, à vivre en solitaire.

Obtenez-nous, amante de Jésus,
Que nous fassions comme vous pénitence ;
Et qu'aimant Dieu, nous ne l'offensions plus,
Pour mériter du ciel la récompense.

LES JOIES DE SAINTE MAGDELEINE

Que l'on chante à la Sainte-Baume, traduites en ce Cantique.

AIR : *Nos petits moutons paissent l'herbette.*

GAUDE PIA MAGDALENA, etc.

Réjouissez-vous, ô Magdeleine,
Parfait miroir de piété,
Espoir de salut, vive fontaine,
Brasier ardent de charité :
Vous êtes un vrai port d'assurance
Au pécheur le plus abattu,
Daignez m'accorder votre assistance,
Si mon espoir est combattu.

GAUDE DULCIS ADVOCATA, etc.

Réjouissez-vous, illustre Sainte,
Douce avocate des pécheurs,
Qui par votre amour chassez la crainte,
Les ranimant de vos ardeurs :
Vous êtes la règle et l'exemplaire
De leurs cœurs vraiment pénitents,
Faites-moi gémir pour satisfaire
A l'abus que j'ai fait du temps.

GAUDE FELIX DEO GRATA, etc.

Réjouissez-vous, heureuse Dame,
Perle agréable au Dieu caché,
Qui, pour épouser votre chère âme,
La délivre de tout péché.
O quelle faveur ! ô quelle grâce !
Le Sauveur se rend à vos pleurs,
Faites-moi pleurer, fondez ma glace,
Me pénétrant de vos douleurs.

GAUDE LOTRIX PEDUM CHRISTI, etc.

Réjouissez-vous, source de larmes,
Aux pieds sacrés de Jésus-Christ,
Vous qui les lavant trouvez les charmes
De votre cœur humble et contrit :
Vous l'aimez beaucoup, et lui de même
Vous aime ardemment à son tour,
Faites que sans fin tout mon cœur aime
Un Dieu qui veut tout mon amour.

GAUDA PRIMA DIGNA FRUI, etc.

Réjouissez-vous, divine amante,
A qui Jésus ressuscité
Fait voir la splendeur toute éclatante
De sa très-sainte humanité :
Il se montre à vous avant tout autre,
Voulant terminer votre ennui ;
Rendez mon souci semblable au vôtre,
Pour ne plus rechercher que lui.

GAUDE QUÆ SEPTENNIS HORIS, etc.

Réjouissez-vous avec les Anges,
Qui vous élèvent vers les cieux,
Chantant au Très-Haut des louanges
Par des concerts mélodieux :
Sept fois chaque jour du fond de l'antre,
Ils vous vont porter au pilier,
Élevez mon cœur jusqu'au centre,
Pour s'y consumer tout entier.

GAUDE QUÆ NUNC SUBLIMERIS, etc.

Réjouissez-vous, femme exaltée,
Parmi les plus grands Séraphins,
Votre âme une fois ressuscitée
Vainquit tous les esprits malins :
Régnez dans la gloire, ô femme forte,
Avec Jésus-Christ votre époux,
Et réglez mes pas de telle sorte
Qu'à la fin j'y règne avec vous.

FAC NOS POENITERE, etc.

Faites qu'en l'exil de cette vie,
Je ne pense plus qu'à gémir,
De peur que ma mort ne soit suivie
De la nuit qui me fait frémir.
Remplissez mon cœur d'une tristesse
Qui purge les maux que j'ai faits,
Pour jouir enfin de l'allégresse
Du beau jour qui dure à jamais.

FIN.

TABLE DES MATIÈRES.

	Pages.
Lettre de Monseigneur l'Évêque de Fréjus.	III
Préface.	V
Avant-Propos.	1

PREMIÈRE PARTIE.

CHAPITRE Ier. — Naissance et éducation de Marie Magdeleine. 3
— II. — Égarements de Marie Magdeleine. 7
— III. — Conversion de Marie Magdeleine. Elle se prosterne aux pieds de Jésus, dans la maison de Simon le Pharisien. 12
— IV. — Conduite de Marie Magdeleine après sa conversion. 21
— V. — Marie en contemplation aux pieds de Jésus. Occupation de Marthe. 26
— VI. — Maladie de Lazare, sa mort et sa résurrection. Foi admirable de Marie Magdeleine. 30
— VII. — Magdeleine répand un parfum exquis sur la tête sacrée du Sauveur. 34
— VIII. — Magdeleine à la suite de Jésus dans sa passion. Sa constance, sa foi et son amour. 38
— IX. — Magdeleine se hâte d'aller au tombeau. Deux anges lui apparaissent. Elle a le bonheur de voir Jésus ressuscité. 43
— X. — Magdeleine, après l'ascension de Notre Seigneur Jésus-Christ, demeure, pendant quelques années, recluse à Béthanie. 48
— XI. — Persécution suscitée en Judée par Hérode Agrippa. Dispersion des disciples. Leur arrivée près de Marseille. Marie Magdeleine, à Marseille. Son apostolat. Sa retraite. 54

— XII. — Séjour de Marie Magdeleine à Aix. Son occupation. 61
— XIII. — Magdeleine est transportée par les anges, d'Aix à la Sainte-Baume. 66
— XIV. — Occupation sainte de Marie Magdeleine dans la solitude de la Sainte-Baume. Elle est transportée tous les jours sept fois par les anges au sommet de la montagne. Elle est nourrie, pendant trente-trois ans, d'aliments célestes. 76
— XV. — Pénitence de Marie Magdeleine à la Sainte-Baume. Description de la sainte grotte dans son état primitif. 89
— XVI. — Sainte Marthe aux environs du Rhône. Son occupation. Sa pénitence. Elle fait saluer sa sœur Magdeleine. 98
— XVII. — Les anges transportent Marie Magdeleine de la sainte grotte à un demi-kilomètre de l'abbaye de saint Maximin. Diverses circonstances miraculeuses. Mort de sainte Marie Magdeleine 104
— XVIII. — Sainte Marthe voit les anges qui portaient au ciel l'âme de sa sœur. Magdeleine apparaît à sa sœur Marthe. 112

DEUXIÈME PARTIE.

CHAPITRE XIX. — Dévotion du saint pontife Maximin et des premiers chrétiens dans les Gaules, envers sainte Marie Magdeleine. 117
— XX. — La violence des persécutions oblige les fidèles à s'abstenir de visiter les reliques de sainte Magdeleine. 123
— XXI. — Saint Jean Cassien arrive en Provence. Son zèle pour vénérer la Sainte-Baume est admirable. Il établit deux monastères dans le désert. 126
— XXII. — Les religieux cassianites fondent un monastère de leur ordre à Saint-Maximin. Ils sont forcés, à cause de l'irruption des Sarrasins en Provence, de cacher les reliques de sainte Magdeleine dont ils étaient les gardiens. 135

— XXIII. — Invention du corps de sainte Magdeleine, caché dans la chapelle souterraine, à Saint-Maximin, depuis 710. Diverses circonstances miraculeuses ne laissent aucun doute sur l'identité du corps de la Sainte. 145

— XXIV. — Le prince Charles, pour l'honneur des reliques de sainte Magdeleine, fait construire une belle église, à Saint-Maximin, et veut qu'elle soit desservie par les religieux de saint Dominique 156

— XXV. — Dévouement des religieux dominicains pour propager la célébrité de sainte Marie Magdeleine 166

TROISIÈME PARTIE.

Exposé Historique de la Sainte-Baume et des diverses particularités de ce désert. . 175

CHAPITRE XXVI. — Forêt de la Sainte-Baume 177

— XXVII. — Des Chapelles et Oratoires qui se trouvent dans la forêt de la Sainte-Baume. 184

— XXVIII. — Du Couvent et de l'Hospice placés aux deux côtés de la sainte grotte. 190

— XXIX. — Les religieux dominicains sont forcés d'abandonner la Sainte-Baume. Incendie et dévastation de ce sanctuaire, en 1793. Belle action des habitants du Plan-d'Aups. M. Guigou, curé de St-Zacharie, commence à restaurer la Sainte-Baume. 197

— XXX. — Description de la sainte grotte et exposé historique des changements divers opérés dans ce saint lieu depuis les cassianites jusqu'en 1820, époque de la dernière restauration. 204

— XXXI. — Rétablissement de la Sainte-Baume, en 1820. Cérémonies de la bénédiction de la sainte grotte, en 1822. Reconstruction du couvent, près de la grotte. 222

— XXXII. — Du Saint-Pilon sur le rocher de sainte Magdeleine. De la colonne, appelée aussi Saint-Pilon, qui est sur la grande route, près de Saint-Maximin. 229

— XXXIII. — Fondation du monastère de la Trappe, dans la plaine (Plan-d'Aups), près de la Sainte-Baume............ 235

— XXXIV. — Rétablissement des religieux dominicains à Saint-Maximin, le 5 juillet 1859. Les Pères prennent possession de la Sainte-Baume, le 22 juillet 1859........ 242

— XXXV. — Précieux trésor de sainte Marie Magdeleine, ou la sainte Ampoule conservée religieusement dans l'église de Saint-Maximin................. 251

— XXXVI. — Des sentiments chrétiens que doivent avoir ceux qui vont visiter la Sainte-Baume, lieu de la pénitence de sainte Marie Magdeleine............ 257

Neuvaine en l'honneur de sainte Marie Magdeleine. — Instruction sur la Neuvaine.................. 265
Des exercices de la Neuvaine................. 267
Prières à faire chaque jour. — Avant la méditation....... 269
— — Après la méditation....... 270
Réflexion......................... 271
Premier jour de la Neuvaine................ 273
Second jour de la Neuvaine................ 277
Troisième jour de la Neuvaine............... 281
Quatrième jour de la Neuvaine............... 285
Cinquième jour de la Neuvaine............... 289
Sixième jour de la Neuvaine................ 293
Septième jour de la Neuvaine................ 297
Huitième jour de la Neuvaine................ 301
Neuvième jour de la Neuvaine................ 305
Litanies de sainte Marie Magdeleine............. 309
Hymne en l'honneur de sainte Marie Magdeleine........ 311
Hymne........................ 314
Les Gaude de sainte Marie Magdeleine........... 315
Cantique, les larmes de sainte Magdeleine.......... 316
Cantique, les joies de sainte Magdeleine........... 318

FIN DE LA TABLE.